COLLECTION PARGUEZ

LITHOGRAPHIES

OEUVRES COMPLETS

DE

GERICAULT, CHARLET

ET

H. VERNET

EXPOSITIONS { PARTICULIÈRE, le samedi 20 avril 1861.
PUBLIQUE, le dimanche 21 avril 1861.

VENTE les 22, 23 et 24 avril 1861

PRIX : 2 FR.

Mᵉ DELBERGUE-CORMONT, commissaire-priseur.
M. VIGNÈRES, marchand d'Estampes.

COLLECTION PARGUEZ

Nᵒˢ 16, 7 ——— Baltard.
25. ——— Béra.
27. ——— Bergeret.
30, 31. ——— Dᵗˢˢᵉ de Berry.
35. ——— Mᵐᵉ Blondel.
41, 64, 65. ——— Bonington.
——— Charlet.
79. ——— Pᵉˢˢᵉ de Chimay.
80. ——— Chometon.
82, 83, 84. ——— Léon Cogniet.
89. ——— Coudey.
98. ——— Crépy Leprince.
104, 105, 106, 107, 108, 109, 110, 111. — Decamps.
121, 122, 123, 124, 126, 127, 128, 129,
131, 132, 133, 134, 136, 137, et de 139 à 156 — Delacroix.
163, 165. ——— Denon.
182, 183, ——— Henriquel-Dupont.
194. ——— de Forbin.
226, 229, 238, 239, 241,
243, 254, 258, 265. ——— Géricault.
319. ——— Hesse.
327. (326 à voir) — Ingres.
(347 à voir) — Lane.
349, 350 — Delaroche.
409 ⊥ Pradier.
441, 442 — Scheffer.
502, 563, 568, 664, 680,
691, 702, 703, 704. — H. Vernet.

PARIS. — IMPRIMÉ CHEZ BONAVENTURE ET DUCESSOIS,
55, QUAI DES AUGUSTINS.

CATALOGUE

DE

LITHOGRAPHIES

Œuvres

DE

BONINGTON, CHARLET, DECAMPS, DELACROIX, DEVÉRIA, GÉRICAULT, INGRES, PRUD'HON, HORACE VERNET ;

d'Amateurs tels que :

La duchesse DE BERRY, princesse **DE CHIMAY,** baron **DENON,**
etc., etc.

ET LIVRES A FIGURES

DONT LA VENTE AURA LIEU

Hôtel des Commissaires-priseurs, rue Drouot, 5
SALLE N° 4, *au premier étage*

Les lundi 22, mardi 23 et mercredi 24 avril 1861

A une heure précise.

Me DELBERGUE-CORMONT, commissaire-priseur,
Rue de Provence, 8

Assisté de M. VIGNÈRES, marchand d'Estampes,
Rue de la Monnaie, 13, à l'entre-sol, entrée rue Baillet, 1,
chez lequel se distribue le Catalogue.

EXPOSITIONS | PARTICULIÈRE, le samedi 20 avril 1861,
| PUBLIQUE, le dimanche 21 avril 1861,

de une heure à quatre heures.

PARIS, 1861

ORDRE DES VACATIONS

On suivra pendant les trois vacations l'ordre du
.Catalogue.

Le Lundi 22 avril, l'*OEuvre de Charlet* sera mis sur
table et sera divisé, si l'enchère proposée n'est point
atteinte;

Le Mardi 23 avril, l'*OEuvre de Géricault;*

Le Mercredi 24 avril, l'*OEuvre de M. Horace Vernet*
sera mis sur table en entier et divisé, au cas seulement
où l'enchère ne serait point atteinte.

Conditions de la vente :

La vente sera faite au comptant.

Les acheteurs payeront 5 % en plus applicables aux
frais.

S'adresser, pour les commissions, à M. Vignères,
expert.

Dans les dernières années du siècle dernier, un chanteur
du Théâtre-Royal de Munich fut conduit, par une série
de tentatives qu'il serait hors de propos de décrire ici, à la
découverte de l'invention la plus véritablement originale
dans les arts modernes, celle de la *Lithographie*.

Aloys Senefelder, esprit actif, intelligent et persévérant,
cherchait un moyen de graver directement une pierre à
l'aide des acides, et de s'épargner ainsi la dépense des
caractères mobiles de l'imprimerie. Déjà il avait obtenu
des caractères en relief; déjà il avait composé une encre
d'une nature particulière, lorsque le Hasard, — cette
providence des inventeurs, — vint un jour ouvrir une
voie indéfinie à ses efforts.

« Je venais, dit-il, de dégrossir une planche de pierre pour y passer ensuite le mastic et continuer mes essais d'écriture à rebours, lorsque ma mère vint me dire de lui écrire le mémoire du linge qu'elle allait faire laver... Le hasard voulut que ma provision de papier blanc se trouvât épuisée par mes épreuves, et mon encre ordinaire desséchée. Je pris mon parti, j'écrivis le mémoire sur la pierre que je venais de débrutir, en me servant à cet effet de mon encre composée de cire, de savon et de noir de fumée, dans l'intention de le copier lorsqu'on m'aurait apporté du papier. Quand je voulus essuyer ce que je venais d'écrire, il me vint tout à coup l'idée de voir ce que deviendraient les lettres que j'avais tracées avec mon encre à la cire, en enduisant la planche d'eau-forte... » Senefelder obtint ainsi les lettres en relief.

Bientôt après, Senefelder invente un système de presse à branches qui n'a été depuis que perfectionné. Bientôt enfin, toujours mécontent de son procédé, il remarqua la propriété qu'ont certaines pierres d'absorber les corps gras, et de repousser dès lors indéfiniment l'humidité de la place touchée par la plume ou le crayon. C'était là tout le secret de la lithographie ; car en pressant un papier humide sur la pierre encrée au moyen du tampon, on faisait naître un décalque fidèle du dessin tracé.

En 1799, Senefelder obtient un privilége du roi de Bavière, Maximilien-Joseph. En 1800, il prend un brevet à Londres. En 1802, il envoie son frère en prendre un à Paris, et le peintre Bergeret tente quelques essais de dessin sur pierre. En 1807, Choron achète en France le secret du procédé pour l'appliquer à la gravure de la musique, et l'architecte Baltard dessine au trait quelques paysages.

En 1816, Engelmann, avec lequel le comte de Lasteyrie partagera dans l'avenir la gloire d'avoir attaché son nom aux premiers essais sérieux de cet art en France, soumet à l'Académie royale des beaux-arts des spécimens sortis de l'imprimerie qu'il avait audacieusement fondée à Mulhouse. L'Académie (phénomène rare dans l'histoire des Académies) s'émeut, nomme une commission, et les membres daignent essayer eux-mêmes les nouveaux procédés. On comptait parmi ces esprits curieux et indulgents aux nouvelles inventions, le graveur Boucher-Desnoyer, les peintres Régnault et Pierre Guérin.

On sait la vogue rapide que donnèrent à la lithographie les croquis de Carle Vernet et les scènes militaires de son fils Horace, les héroïques dessins de Géricault et les compositions patriotiques ou railleuses de Charlet. Ces maîtres, qui n'avaient le plus souvent à leur disposition que des pierres d'un mauvais grain ou des imprimeurs déjà routiniers, se préoccupèrent peu de l'effet, et les plus hautes inspirations de Géricault ou de Charlet sont aussi librement crayonnées que sur un papier d'esquisse à grain.

Plus tard, l'école romantique, négligeant le procédé traditionnel de l'eau-forte, demanda au crayon, à l'encre ou au grattoir plus de couleur et plus de ressources, et les imprimeurs Motte, Feillet, Lemercier, etc., rendirent à Bonington, à Eugène Delacroix, à Decamps, des épreuves dans lesquelles ces maîtres pouvaient retrouver toutes les finesses ou toutes les vigueurs qu'ils avaient confiées à la pierre.

Ce fut à ce moment, je veux dire dès avant 1820, que M. Parguez, en même temps que M. Bruzard, mais avec un but plus artistique, commença la splendide collection dont il a bien voulu nous confier le catalogue. Disons, pour n'y plus revenir, que presque toutes les épreuves qui la composent furent moins souvent achetées chez les marchands que recueillies sur le marbre même de la presse, c'est-à-dire choisies parmi celles d'essai, presque toujours en état curieux, souvent même en pièce unique, — un hasard ayant fait casser la pierre, ou l'artiste étant mécontent de son œuvre, — et qu'aussitôt enlevées à tout prix, elles étaient tendues sur des feuilles de soutien et rangées, pour n'en plus sortir dans des cartons de format uniforme.

C'est par les soins complaisants des imprimeurs Villain et Delpech, et des éditeurs Gihaut frères; c'est par ses rapports personnels avec l'artiste lui-même que M. Parguez a pu réunir cet œuvre de CHARLET, qui est unique au monde, et qui, nous l'espérons, entrera tout entier dans une collection publique ou dans le cabinet d'un amateur, curieux d'une des gloires nationales les plus justement populaires.

C'est à tout prix, en allant chercher en Angleterre même l'admirable suite de chevaux imprimés chez Hulmandell; en payant jusqu'à 1,500 fr. une épreuve peut-être unique du *Combat de chevaux dans une écurie militaire*, que M. Parguez a pu encore composer cet œuvre de GÉRI-CAULT, où la rareté des pièces ne le cède qu'à la beauté des épreuves; œuvre merveilleux qui fait du jeune maître un dessinateur sans rival dans les *Boxeurs nègres*, un poëte attendri dans *l'Episode de la retraite de Russie*, un observateur d'une science profonde dans toutes ses *études de chevaux*, enfin le père de l'école moderne pour la liberté de l'exécution, l'énergie du mouvement, le pathétique de la composition, la grande allure de la forme[1].

L'œuvre de M. Horace Vernet est aussi un des honneurs

---

[1] Nos lecteurs, en parcourant ce catalogue, verront qu'il ne nous manque qu'une seule des pièces de l'œuvre de Géricault, *a Paralytic woman*, et encore est-elle loin d'être introuvable.

de cette vente, et nous espérons encore qu'il ne sera point divisé. Il contient plus du double de ces scènes d'un esprit si français et d'une exécution toujours si légère et si distinguée, dont M. Bruzard avait publié un confus catalogue. Il y a quelques années, au moyen d'échanges, il fut complété par un membre même de la famille de M. Horace Vernet, qui l'enrichit d'un grand nombre de croquis uniques, de portraits non livrés au commerce, et de suites entières de sujets de chasse, sur papier teinté, relevées à la gouache, par l'artiste lui-même pour sa propre collection.

A côté des trois lithographies, devenues si rares, que M. INGRES semble avoir crayonnées pour montrer, dans l'*Odalisque* quelle poésie il sait dégager de la forme, dans le portrait de sir *Frederic Sylvester North Douglas*, quel style il sait donner aux portraits, les amateurs verront resplendir le *Faust* de M. EUGÈNE DELACROIX. Les marges sont couvertes de croquis et d'essais : des lions qui rugissent ou dorment, des paysages mystérieux, des chevaux qui piaffent, des figures qui sanglotent, toute la légion des rêves colorés qui traversaient le cerveau puissant du maître, tandis qu'il relisait Gœthe, et dont, par une intelligente attention, M. Parguez[1] (qui fournissait à

---

[1] Le *Faust* de M. Eugène Delacroix n'est point le seul ouvrage dont la publication ait été patrounée par M. Parguez. C'est au prix

Motte les fonds pour éditer l'ouvrage), exigea qu'il fût conservé au moins une épreuve.

Parlerons nous des paysages de BONINGTON, aquarelles légères et transparentes, des scènes d'Orient de DECAMPS, badinages où le maître préludait à sa peinture puissante? Parlerons-nous de tous les maîtres qui ont manié le crayon lithographique, de 1816 aux premières années de 1830? Ils avaient tous pris place dans les cartons de cette collection : GÉRARD, GIRODET et GUÉRIN, PRUD'HON et la *Famille malheureuse*, GROS et ses *Mameluks*, LÉON COIGNET, AUBRY LE COMTE, HENRIQUEL-DUPONT, l'illustre graveur, ROBERT FLEURY, et bien d'autres encore.

Parmi les estampes d'amateurs, on remarquera celles de la DUCHESSE DE BERRY, de M. BRUZARD, de la PRINCESSE DE CHIMAY, du BARON DENON, dont l'œuvre presque complet contient les portraits inédits d'une foule de hauts personnages contemporains, etc., etc.

Contre l'usage établi par les rédacteurs de catalogues, nous avons cru devoir appeler l'attention du public plutôt sur le nom des maîtres que sur le titre des œuvres qui sont

de sacrifices considérables qu'il fit éditer les deux derniers volumes du *Musée royal*, sous la direction de MM. LAURENT PÈRE ET FILS, œuvre encore justement estimée et véritablement patriotique qui, se substituant à l'inertie de la *Calchographie* du Louvre, pour vulgariser la représentation des chefs-d'œuvre de toutes les écoles, donnait aux riches amis des arts un exemple trop peu usité.

réputées rares. Il n'a été encore publié de sérieux, à propos de la lithographie, que le travail de M. de la Combe sur Charlet. Quel n'est pas le danger des affirmations dans une matière si intéressante et cependant si peu connue? Chaque jour le hasard peut faire découvrir des tirages oubliés de pièces que l'on ne voit encore que rarement? Pour quelques Géricault seulement, nous avons signalé le nombre d'épreuves que nous conaissions soit à la Bibliothèque, soit dans les cabinets qui nous sont ouverts.

Quant à la beauté des épreuves nous aurions été vraiment embarrassés de la signaler dans des cas particuliers. Nous pouvons affirmer, dans la plus stricte acception du mot, qu'elles sont toutes de la plus grande finesse, de la plus exquise fraîcheur.

Et cependant rien n'est plus rare qu'une épreuve de lithographie complétement belle. L'imprimeur lithographe n'est point certain, à chaque coup de rouleau, de son résultat, comme l'est l'imprimeur en taille-douce lorsque la planche est bien encrée. L'équilibre parfait dans les tons est presque le résultat d'un hasard, et il est impossible de rencontrer deux épreuves identiquement semblables; c'est-à-dire offrant le même velouté dans les noirs, la même finesse dans la demi-teinte, la même harmonie dans les oppositions du blanc des lumières avec le modelé des plans.

Il n'est point douteux que dans un avenir prochain les belles lithographies atteignent des prix excessifs. Elles sont la reproduction la plus spontanée de la pensée du peintre, et doivent toujours rendre cette pensée avec la force et la virginité d'un dessin original. Le tirage en a toujours été relativement peu considérable. Les pierres s'usent rapidement, ne fournissant plus alors qu'un travail boueux ; on ne peut point les retoucher comme les planches de cuivre ou même les bois, et leur poids, joint à leur volume, oblige, d'ailleurs, l'éditeur à les effacer au bout de quelques années. Le papier de coton que l'impression exige se pique à l'humidité d'une façon à peu près irréparable, et avant cinquante ans d'ici il ne restera guère de tant de chefs-d'œuvre, à moins que les amateurs ne prennent, pour conserver leurs cartons les soins minutieux de M. Parguez, que les chines enlevés délicatement et reportés sur un autre papier. Aussi espérons-nous que le Cabinet des estampes de Paris, qui depuis quelques années fait preuve d'un intelligent éclectisme, profitera de la rare bonne fortune de cette vente pour compléter les œuvres de réserve, et sauver ainsi les matériaux des travailleurs de l'avenir.

Il serait matériellement impossible de réunir aujourd'hui une pareille collection, à quelque prix que ce soit. La collection Parguez laissera le souvenir du répertoire le plus intéressant de notre école dans la première moitié de ce siècle. C'est parce que nous sentons combien le temps nous a manqué, combien nos forces étaient au-dessous de notre désir de bien faire, qu'au moment de terminer l'introduction à ce catalogue nous sollicitons l'indulgence des amateurs. Ce n'est point sans quelque émotion que nous verrons se disperser ce cabinet où nous avons passé de si douces heures à feuilleter les œuvres de la jeunesse de nos contemporains les plus illustres, où nous avons pu recueillir en paix tant de notes précieuses pour les travaux que nous préparons sur la *Lithographie*.

Mars 1861.

PH. BURTY.

DÉSIGNATION

LITHOGRAPHIES

ADAM (Victor),

1. Prise d'une pièce d'artillerie (Engelmann).—Mes amis !
point de hallebarde (C. Motte). — Le maréchal de
village (Mlle Formentin), etc. [*Ensemble,* 18 pièces.]

ALAUX (Jean), dit le Romain,

Élève de Vincent et Guérin, né à Bordeaux le 5 janvier 1786,
membre de l'Institut.

2. Cour du château d'Arques. 1821 (lith. de Engelmann.)
N° 80 des *Voyages pittoresques et romantiques dans
l'ancienne France.* — Singry , ancien dragon sous
Louis XV et Louis XVI, âgé de quatre-vingts ans.
(Lith. de Légé et Ce, à Bordeaux.) *Signé* J.-P. Alaux,
1823. — Le pape Pie VII accordant une grâce.
S. Alaux, 1827. — Masaniello saluant une madone.
(1828, lith. de Delpech.) [*Ens.*, 4 pièces.]

ARAGO (Jacques),

3. Adieu donc ! (Lith. de Langlumé.) — 16 paysages et
portraits de sauvages des îles Carolines (imp. de Langlumé), avec titres en anglais. [*Ens.*, 17 pièces.]

ARNOUT (Jean-Baptiste),

Élève de Devosges, né à Dijon le 24 juin 1788.

4. Vues prises dans les environs de Paris, 1823. (Imp. de Delpelch et de Constant.) [12 pièces.]— Intérieurs d'églises dans les environs de Paris. (Imp. de Delpech.) [12 pièces.] — Paix, d'après Mazo Finiguerra, pour l'ouvrage sur les nielles de M. Duchesne.—Paysages des *Voyages pittoresques et romantiques*, intérieurs, scènes (17 pièces). [*Ens.*, 46 pièces.]

Le Baron ATTHALIN (Louis-Marie-Jean-Baptiste),

Élève d'Horace Vernet, né à Colmar le 22 juin 1784.

5. Intérieur de l'église Saint-Jacques, à Dieppe. — Église de Saint-Michel.—Salle basse d'un cloître.—La Grande Maison, aux Andelys. — Salle basse d'un château. — Ruine.— Maison des Templiers et autres pièces, dont un cul-de-lampe, pour les *Voyages pittoresques et romantiques en France*, sur chine.—Portrait d'une jeune femme. 1824. (Lith. de Constant.) [*Ens.*, 15 pièces.]

ATTOCH (Louis-Jean-Marie),

Élève de Bertin, né à Saint-Cyr le 7 septembre 1785, mort à Paris le 22 juin 1832. Il a été employé au cabinet des estampes.

6. P. H. Valenciennes, vue. 1819. (Lith. Engelmann.) — Le maréchal Brune. 1819. (Impr. Villain). — Paysage. (Lith. de Constant.) [*Ens.*, 3 pièces.]

AUBRY (Charles),

7. La Leçon de danse, 1820; la leçon de musique, etc., 1824. (Delpech.)—Pièces diverses. [*Ens.*, 15 p ièces.

AUBRY LECOMTE (Hyacinte-Louis-Victor-Jean-Baptiste),

Élève de Girodet, né à Nice le 1er novembre 1787.

8. Portrait de Casimir Perier; chine avant toute lettre.

9. Le duc de Bordeaux et Mademoiselle; 1822, d'après Hersent.

10. Maison de Tasso Torquato.

11. Monna Lisa, d'après Léonard de Vinci. — Le beau Pyrrhus, etc. — L'Enfant Jésus dormant sur la Croix.

Le maréchal de camp BACLER D'ALBE (Louis-Albert-Guislain),

Né à Saint-Pol (Pas-de-Calais) le 22 octobre 1762, mort à Sèvres le 12 septembre 1824.

12. Portrait du général Bacler d'Albe, ovale, *Le Guay fecit*, 1820. (Lith. de Engelmann.) — 17 pièces contenant environ 25 essais de crayon ou de pierre lithographique.

La plupart portent des numéros qui se rapportaient probablement à des notes manuscrites.

13. Deux batailles, l'une en Russie, l'autre en Espagne, dessinées par le général Bacler d'Albe sur ses croquis faits sur les lieux (lith. Engelmann); avant le titre. — Les diseuses de bonne aventure; la chapelle Saint-Nicolas; le Charlatan en voyage; arbre creux. (Lith. Engelmann.) [6 pièces.]

14. Macédoines. Vues, petits paysages et monuments pris en Suisse, en Allemagne, en Russie, à Augsbourg, etc. [*Ens.*, 20 pièces.]

15. Le satyre puni, paysages et autres sujets extraits du journal l'*Album*. (Lith. Engelmann.) [17 pièces.]

BALTARD (Louis-Pierre),

Architecte, élève de Peyre, né à Paris le 8 juillet 1764.

En 1807, il acheta de M. André le secret de la lithographie, mais ses premiers essais n'ayant eu que peu de succès, il les abandonna bientôt.

16. Vues d'Hartwell. Trois vues différentes du parc et du château du comte de Provence, pendant la Restauration (C. de Lasteyrie).

17. Paysages et vues diverses. [*Ens.*, 21 pièces.]

BAPTISTE (Sylvestre),

Élève de Guérin, né à Paris le 15 avril 1792.

18. Costume grec.—Scènes tirées du journal l'*Album.*—La mort de Caïmacan, petit chien qui appartenait à madame de Balbi, comtesse de Piovera et sur la mort duquel on fit une messénienne.) [*Ens.*, 7 pièces].

BELLANGÉ (Hippolyte-Joseph-Louis),

Élève de Gros, né à Paris le 10 février 1800.

19. Un vieux soldat blessé, assis sur le bord d'un bois. (Lith. de Engelmann.) — Vive le vin ! — Vive l'amour ! — Spectacle gratis. —Napoléon endormi. (Engelmann.) 30 mars 1814, siége de Paris.—Entrée dans Milan.

20. L'Orage, par Béranger. (Engelmann.) — Je fends, tu romps. (Lith. de Mlle Formentin). —Que de deux sous perdus ! (Villain.) — Le retour du prisonnier. [4 grandes pièces.]

21. Frontispice pour les croquis lithographiques, par H. Bellangé, 1823. Les deux personnages appuyés sur la balustrade sont Charlet et Bellangé lui-même. — Frontispice pour l'*Album* de 1824, on distingue égale-

ment Charlet dessinant dans l'atelier. — Frontispice pour l'année 1825.

22. Monsieur, tel que vous me voyez.... — Mon cher, c'est cha'mant! — Ah! jeune homme! — J' n'en joue plus! etc. 39 pièces sur chine, extraites de divers albums du maître.

23. École du soldat; suite de 18 pièces complètes sauf le nº 17. (Lith. Engelmann.)

24. Les Gardes de la Porte. — Sur les bords du Danube. — Tiens bon, Turc! — Sur chine, avec dédicace manuscrite de M. Bellangé.

BÉRA (Armand-Joseph),

Élève de Regnault et Saint, né à Compiègne le 14 juillet 1784, mort à Paris en mai 1836.

25. Profil au trait de l'Impératrice Joséphine. — Madame Paradol, dans *Sémiramis.* (C. Motte.) Buste de jeune garçon. — [3 pièces.]

BÉRANGER (Antoine),

Attaché à la manufacture de Sèvres, né à Paris le 19 mai 1785.

26. Tête de Turc, essai. — Le premier sentiment du dessin. (Lith. de C. Constant, de Sèvres.) — L'embarcation fragile. — Le repos et le chagrin (lith. G. Engelmann), à deux teintes. [*Ens.*, 7 pièces.]

P. BERGERET (Pierre-Nolasque),

Élève de Vincent et David, né à Bordeaux le 2 février 1782. Ses premiers essais lithographiques sont datés de 1804.

27. Mercure vole en tenant sa lyre et son caducée. (P. Bergeret *pinxit*, 1804.) *Par brevet d'invention, imprimerie lithographique*, rue Saint-Sébastien, nº 24. Et au-des-

sous onze lignes d'écriture commençant par ces mots : *L'entrepreneur de cette imprimerie, déjà connu avantageusement*, etc.; à Paris, le 1er frimaire an XIII. — Vénus et Vulcain armant les Amours; Jul. Romanus *pinx*. — Jésus-Christ descendu de la Croix; Rubens *pinxit*. —Quatre pièces au trait, pour l'illustration d'un poëme antique, *fac-simile* de dessins. [*Ens.*, 7 pièces.]

28. Artilleur pointant une pièce. — Incroyable lorgnant un monsieur et une dame qui s'éloignent. — Essai de paysage et croquis de tête de Turc.

29. Portrait de Louis XVIII, 1816. (Imp. de Lasteyrie.)—Huit pièces, culs-de-lampes et illustrations tirés du journal l'*Album*.—Saint Polyeucte, saint Sulpice, Napoléon, Voltaire, Rousséau. 6 pièces. [*Ens.*, 15 pièces.]

Duchesse de BERRY (Caroline-Ferdinande-Louise),

Élève de Desenne et de Storelli, née à Naples le 5 novembre 1798.

30. Vue du château de Rosny, prise de l'entrée principale; Marie-Caroline *fecit*, 1823.

31. Vue du château de Rosny, prise du côté du parc; Marie-Caroline *fecit*, 1823. (Imprimé par Villain, lith. de S. A. R.) Épreuves sur chine.

BERTIN (Jean-Victor),

Élève de Valenciennes, né à Paris le 20 mars 1767.

32. Vue de Cora, ville du Latium. — Châtaignier et deux autres études d'arbre. (Lith. de C. de Lasteyrie.) [4 pièces.]

BLEUER (Jérôme-Louis),

Élève de Hene, né à Feuerthaler (canton de Zurich),

33. Vue du jardin de M. le duc d'Albuféra, près des Champs-Élysées. (Lith. de Motte.)

BLONDEL (Frédéric-Joseph),
Élève de Regnault, né à Paris le 25 juillet 1781.

34. Bas-relief en bronze du xve siècle , à Fontainebleau. *Signé* Bl.

BLONDEL (Madame Laure),
Femme du précédent artiste.

35. Portrait de M. Blondel, assis à son chevalet, esquissant un tableau; avant toute lettre.

BOGGIO,

36. Portrait de l'artiste. — Portrait de femme. 1820. — Avant la lettre. — Henri-Albert Gosse. — Le Général Pepe di Calabria. (Lith. de Lasteyrie et autres.) [6 pièces.)

BOÏLLŸ (Louis-Léopold),
Né à la Bassée (Nord) le 7 juillet 1761.

37. La première dent. — La dernière dent, 1826. (Lith. Ch. Constant.) — A la santé du roi! 1824. — Les Journaux. (Lith. Delpech.) — La Vaccine , dédié à M. Pétroz, doct.-méd. — Le songe de Tartini, 1824. — La Distraction. (Lith. Engelmann.) — Ah! les méchants enfants. — Les Jouets du jour de l'an. [*Ens.,* 10 pièces.]

BOILLY (Jules-Léopold),
Élève de son père, né à Paris le 31 août 1796.

38. David, à Bruxelles, 1823. (Lith. de Villain.)—Madier de Montjau, etc. [4 pièces.]

39. Portraits de Bréguet,—Walckenaër,— le comte de Lacé-pède,—van Spaendonck,—le chevalier de Boufflers, et autres membres de l'Institut. [15 pièces.]

DE BOISFREMONT (Charles-Pompéi Boulanger),

Élève et ami de Prud'hon, né à Rouen le 22 juin 1776; mort à Paris
en mars 1838.

40. La Samaritaine. Salon de 1822, extrait du journal
l'*Album*. (Lith. Engelmann.)

BONINGTON (Richard-Parker),

Élève de Gros, né à Nottingham (Angleterre) le 20 octobre 1802,
mort à Londres le 23 sept. 1827.

41. Deux enfants, l'un assis et l'autre debout à gauche,
sur les marches d'une porte d'architecture gothique,
dont le ventail repose à droite, descellé contre la
baie. Épreuve avant toute lettre; première pensée
de la pièce suivante.

42. *Caen*. Deux enfants jouent avec un chien sur les degrés
d'une porte gothique murée dont le ventail descellé
est appuyé à gauche. On lit sur le remplissage de la
baie : *Architecture du moyen âge*. R. P. Bonington.
(Lith. de Feillet).

43. *Caen*. Église Saint-Sauveur. R.-P. Bonington. (Lith. de
Feillet).

44. *Caen*. Maison grand'rue Saint-Pierre. R.-P. Bonington.
(Lith. de Feillet.)

45. *Beauvais*. Intérieur d'une cour. R.-P. Bonington. (Lith.
de Feillet, rue du Faubourg-Montmartre, nº 1.)

46. *Abbeville*. Vue prise de la route de Calais. R.-P. Bonington.
(Lith. de Feillet, rue du Faubourg-Montmartre, nº 4.)

47. *Rouen*. Fontaine de la Crosse. R.-P. Bonington. (Lith.
Feillet.)

48. Rue du Gros-Horloge. Rouen. Bonington, 1824. (Lith.
de G. Engelmann.) P. 173 du *Voyage en Normandie*.
Épreuve sur chine.

49. Vue générale de l'église de Saint-Gervais et Saint-Protais, à Gisors. Bonington, 1824. (Lith. de Engelmann.) P. 203 des *Voyages*. Épr. sur chine.

50. Tour aux archives, à Vernon. Bonington, 1824. (Lith. de G. Engelmann.) Épreuve sur chine. P. 314 des *Voyages romantiques et pittoresques en France*.

51. Cul - de - lampe pour le *Voyage en Franche-Comté*. — Deux prêtres causent dans un jardin. R.-P. Bonington.

52. *Pesmes*, Franche-Comté. *Ciceri del.*, Bonington sculp., 1825. (Lith. Engelmann.) Pl. 9 du Voyage en Franche-Comté du baron Taylor.

53. Vue générale de l'abbaye de Tournus. *Bonington*, 1825. Pl. 13 du même voyage.

54. Façade de l'église de Brou, *Bonington*, 1825. Pl. 25 du même ouvrage.

55. Tombeau de Marguerite de Bourbon, église de Brou. *Bonington*, 1825, *sculp.*; *Vauzelle del.* Pl. 29 du même ouvrage.

56. Pierre de Vaivre. *Bonington sculp.*, 1827. *Taylor del.* Pl. 75 du même ouvrage.

57. Croix de Moulin-les-Planches. *R. P. Bonington lithog.* (Impr. par C. Hulmandel.) Pl. 77 du même ouvrage.

58. Vue générale des Ruines du château d'Aslay. *Bonington*, 1827. (Engelmann.) Pl. 84 du même ouvrage.

59. Ruines du château d'Aslay. *Bonington*, 1827. (G. Engelmann.) Pl. 85 du même ouvrage.

60. Vue d'une rue des faubourgs de Besançon. *Bonington*, 1827. (Engelmann.) Pl. 102 du même ouvrage. Cette épreuve, ainsi que les précédentes à partir du n° 52, est sur chine.

61. Édimbourg. — Ancienne porte à Stirling. — Vallée de

Glendulas. — Brackline et une autre, 5 pièces lithog.
par Bonington, d'après les dessins de F.-A. Pernot.
(Lith. de Villain.)

62. Entrée de la rade Rio Janeiro ; dessinée d'après nature
par Rugendas. (*Lith.* Engelmann.) Bonington *del.*
1re div., pl. VI.

63. Le Matin. Bonington *del.* (Lith. de Noel.) Épr. sur chine.

64. Une dame accueillant un homme d'arme à cheval, d'après
un bas-relief en pierre. R. P. Bonington. (Lith. de
Berdalle.)

65. Un Guerrier ossianesque soutient une jeune femme qui
s'évanouit dans ses bras à l'entrée d'une grotte ob-
scure. (Lith. de G. Engelmann.) Épreuve sur chine
avant tout autre nom ou titre.

66. A Duel between Franck and Raleigh. (*Printed* by Villain.)

67. La Prière.— Le Silence favorable.— Le Repos.— La Con-
versation. (Chez Hilaire Laurent.)— Le Retour.— Les
Plaisirs paternels. Bonington *del.* (Lith. de Langlumé.)
Chez Sazerac, éditeur, rue Taitbout, n° 30 *bis*.

BONNEFOND (Claude-Jean),

Élève de Revoil, né à Lyon le 27 mars 1796.

68. Fontaine des capucins de Lyon. (Lith. Villain.) [1 pièce.]

BOUILLON (Pierre),

Né à Thiviers (Dordogne) le 23 juin 1776 élève de Monsiau,
mort à Paris le 15 sept. 1831.

69. Deux sujets pour l'illustration de *Télémaque*, pièces my-
thologiques et du musée Denon. — Portrait de M. Le-
brun, directeur des études à l'École polytechnique.
— Portrait de M. de Forbin ; essai dessiné et tiré en
dix minutes. 1819. [*Ens.*, 11 pièces.]

BOURGEOIS (Florent-Fidel-Constant),

Élève de David, né à Guiscard (Oise) le 5 juin 1767.

70. Deux paysages ; essais faits en 1816 dans l'imprimerie du comte de Lasteyrie. — Vue d'un pavillon dans le parc de Bagatelle , 1818. — Portrait d'homme. [*Ens.*, 12 pièces.]

BOUTON (Charles-Marie),

Élève de Prévost, né à Paris le 16 mai 1781, fut avec Daguerre
l'un des inventeurs du *Diorama*.

71. *Intérieur de la piscine de Siloë à Jérusalem. — Chapelle et Église du Saint-Sépulcre.* (Lith. de G. Engelmann.) — *Ruines du château de Chevreuse, et Crypte de Saint-Gervais.* P. 147 et 71 du *Voyage* de Taylor. (Engelmann.) [6 p.]

BRUZARD (Louis-Armand),

Amateur, élève de Bouillon et Bourgeois, né à Rennes; mort à Paris.

71 *bis.* Une femme debout près d'un jeune homme touchant au piano. Effet de lumière à deux teintes. [2 pièces.]

CANELLA (Joseph),

Né à Vérone le 19 juin 1789.

72. Vue de Madrid. (Lith. de Engelmann.) — Vue d'Aranjuez. —Vues d'Espagne, d'Italie, du duché de Bade, 1824 (lith. de Delpech), et deux paysages avant la lettre. [*Ens.*, 12 pièces.]

CHAMPION (Jean-Jacques),

Élève de Storelli, né à Sceaux le 8 sept. 1796.

73. Portrait de Mlle Le Normand, avant toute lettre. — Costumes de Philippe, rôle du vampire, théâtre de la Porte-Saint-Martin (lith. de C. Motte) et vignette cul-de-lampe.—Le colonel Fabvier. [7 pièces.]

CHAPUY.

74. Saint-Jean de Matha. — Saint-Lucien (lith. de Villain). —
Voyage à Lyon. (Façade de Saint-Jean,) Chapuy *del.*
(Lith. de G. Engelmann.) Bonington *inv.*) Sur chine.
[3 pièces.]

CHARLET (Nicolas-Toussaint),

Né à Paris le 20 déc. 1792, élève de Gros, mort le 30 octobre 1845.

Nous ne pouvons que renvoyer les amateurs au catalogue de l'œuvre de Charlet, publié en 1856 par M. le colonel de La Combe. Ils y verront qu'à bien des pages l'auteur, si consciencieux et si plein de son sujet, cite l'œuvre de M. Parguez comme le plus complet qui existe, et comme renfermant un grand nombre de pièces uniques.

En effet, sur 1,089 pièces qui doivent le composer, il ne nous en manque que *quarante et une*, dont la plupart sont des croquis peu intéressants. Encore ne nous manquent-ils pas tout à fait. Un admirateur passionné de Charlet, le général Pajol, avait pris sur les originaux des calques précis que nous avons introduits dans nos cartons. Nous nous bornerons donc à ces quelques remarques.

Nous avons ajouté à ceux cités par M. de La Combe un portrait de *Charlet*, imitation par le procédé A. Collas du médaillon modelé en 1828 par David d'Angers.

Au n° 10 nous avons joint un premier état, non signalé avec le nom de *Charlet*, très-visible à droite au milieu des touffes d'herbe.

Les n°s 23 et 25, 41 et 45, 361, 364, 368 et 681, dont plusieurs sont uniques, sont remplacés par des fac-simile ou des calques de la main du général Pajol ;

Le n° 40 par un fac-simile de la main de Canon, l'élève de Charlet ;

Le n° 75, dont on ne connaît que 3 épreuves, est accompagné d'un envoi autographe de M. Feuillet de Conches.

Nous possédons du *Siège de Saint-Jean-d'Acre :* 1° le n° 107 décrit par M. de La Combe ; 2° cette même pièce réimprimée très-pâle avec le titre *Siège de Saint-Jean-d'Acre*, et l'adresse de Motte ; 3° cette même pièce avec la pierre rayée au grattoir, à gauche, au-dessus de la mer, à droite, dans le groupe des grenadiers ; 4º le nº 108 du catalogue de La Combe ; 5º le nº 108 du même catalogue.

24 pièces au vernis mou, décrites à la page 139 de la *Vie de Charlet* ;

15 eaux-fortes, décrites pages 46 et 47 de l'ouvrage de M. de La Combe ;

Croquis inédits de Charlet, reproduits par Isidore Meyer, d'après l'album de M. de Rigny, 24 pièces ;

13 dessins (fac-simile), par Th. Muret, chez Moyon

Album de Géricault, 3 pièces (fac-simile) par Devéria ;

4 bois tirés des *Français peints par eux-mêmes* ; et 4 bois extraits du *Magasin pittoresque* ; .

18 pièces, extraites de divers recueils.

Cet œuvre relativement si complet, et dans un tel état de beauté d'épreuve et de conservation, sera mis sur table intégralement; il est contenu dans 20 portefeuilles, et toutes les pièces, sauf quelques albums, sont montées sur des feuilles de papier carton de couleur et de grandeur uniforme.

Si l'enchère demandée par l'expert n'était point atteinte, l'œuvre serait alors divisé et l'on suivrait pour mettre sur table l'ordre du catalogue de M. de La Combe.

Iʳᵉ section. Portraits de Charlet. — Portraits divers, par Charlet ;

IIᵉ, IIIᵉ et IVᵉ sections. Pièces imprimées chez Lasteyrie, chez Delpech et chez Motte ;

Vᵉ section. Costumes militaires parus par suite, et sortant de diverses imprimeries, depuis 1817 jusqu'en 1846 ;

VIᵉ section. Pièces détachées, terminées avec ou sans texte, sortant de diverses imprimeries, pour la plupart de chez Villain ;

VIIᵉ section. Griffonnements, pièces diverses non terminées ;

VIIIe section. Pièces faites avec le concours d'autres artistes.—Pièces tirées de divers recueils ou faites dans
un but spécial.—Vignettes pour romances ou chansons;

IXe section. Recueil des albums, fantaisies, croquis, depuis 1822 jusqu'en 1845 ;

X^e section. Pièces faites pour l'École polytechnique,
presque toutes à la plume.

Enfin, pour que l'amateur, en achetant cet œuvre (qu'il serait matériellement impossible de réunir aujourd'hui) pût connaître en même
temps que l'histoire de Charlet, de ses débuts, celle de ses luttes, de
ses succès jusqu'à sa mort, nous avons joint à peu près toutes les bro-
chures publiées sur le maître.

Galerie de la Presse, de la Littérature et des Beaux-arts.
Paris, 1838. 14e livraison. CHARLET, par P. D. L. (Le
portrait a été retiré.)

Catalogue manuscrit de l'œuvre de Charlet, par M. Bruzard, contenant 753 numéros.

Catalogue d'une nombreuse collection de dessins, etc.
et de plus de 12,000 lithographies, etc., réunis par les
soins de feu M. Bruzard. Paris, 1839. — Cette vente
contenait l'œuvre de Charlet qui, bien que très-in-
complet, fut acheté par le Cabinet des estampes.

Catalogue de tableaux, esquisses peintes, etc., de M. Charlet, peintre, 1846. Vente après sa mort.

Notice nécrologique sur Nicolas-Toussaint Charlet, par
Jules Janin. Extr. du *Nécrologe universel du* XIXe *siècle.*
Paris, 1847.

CHARLET, sa vie, ses lettres et ses œuvres, par M. de La
Combe. Paris, 1854. Extr. de la *Revue contemporaine.*

CHARLET, sa vie, ses lettres, suivi d'une Description rai-
sonnée de son œuvre lithographique, par M. de La
Combe, ancien colonel d'artillerie. Paris, 1856. Un
vol. in-8, avec fac-simile et portrait de Charlet.

Charlet et son historien, par Henri de Saint-Georges.
Nantes, 1857. Extrait de la *Revue des provinces de l'Ouest,*
avec envoi manuscrit. Tiré à 80 exemplaires.

N.-T. CHARLET, par M. Charles Blanc, ancien directeur des Beaux-Arts. Paris, 288e et 289e livraisons de l'histoire des peintres de toutes les écoles, ornées de bois et d'un portrait de Charlet.

CHASSELAT (Charles-Abraham),

Élève de Vincent, né à Paris le 3 janvier 1782.

76. Le général Gourgaud. — Gavaudan, Mlle Duchesnois, et autres portraits d'artistes dramatiques.—Intérieur de la Bourse de Paris, extrait du journal *le Miroir*.—Invalides battant le briquet. [*Ens.*, 14 p.]

CHATILLON (Henri-Guillaume),

Élève de Cirodet, né à Paris le 4 mai 1780.

77. L'Étude.—Étude d'arbre.—Souvenir d'Italie. 3 pièces.

CHENAVARD (A.),

Architecte de Lyon.

78. Chapelle dans le bois de la Grande Chartreuse; jolie pièce avant toute lettre. 8 pièces.

Thérèse CABANIS, depuis Madame FONTENAY TALLIEN, enfin

Princesse de CHIMAY,

Élève d'Hollier et d'Isabey, née à Madrid en 1769, morte à Chimay, le 15 janvier 1835.

79. Portrait de ses trois enfants, dans un ovale. *C. princesse de Chimay,* 6 *sept.* 1816. (Impr. lithographique de G. Engelmann.)

CHOMETON (Jean-Baptiste),

Élève de Révol, né à Saint-Étienne en 1789.

80. Portrait de l'artiste, *mars* 1819, *à Lyon.* — Deux pay-

sannes assises. Thometon.—Saint-Étienne, déc. 1819.
(Imp. François Villain.) — Vue du monastère de l'Ob-
servance. 1822. 3 pièces.

CICERI le père,

81. Vue du château de Muret. — Vue du château d'Epte,
p. 208, et Tombeau de Robert le Diable, p. 5 du *Voyage*
de Taylor (lith. Engelmann), sur chine et à deux
teintes. 3 pièces.

COIGNET (Léon),

Élève de Guérin, né à Paris le 29 août 1794; membre de l'Institut.

82. Une jeune Italienne faisant l'aumône à un mendiant.
(Lith. de Bernard.) Épreuve avec des croquis sur les
marges.

83. Une page contenant 5 essais lithographiques, deux Italiennes, un chat, une tête d'Italien, une tête de Turc.

84. Saint Étienne visitant une famille pauvre, lith. avec des
croquis sur les marges.

85. Traîneau esquimeau.—Une Cour de Rome.—Un Abri dans
la campagne de Rome.—Les Tirailleurs. (Imp. de
Delpech et autres). 5 pièces.

COLIN (Alexandre-Marie),

Élève de Girodet, né à Paris le 6 décembre 1798.

86. Portrait de Duchesne, peintre. Au bas un ange s'envole
d'une tombe, et les vers *Au banquet de la vie*. (Lith.
de Feillet.)

87. Petit Jehan de Saintré.—Saint Antoine. — Le Forfait. —
Paysage.—Persans, etc. 6 p. (Imp. de Franç. Noël.)

88. *Portraits de Ménier, madame Pradher, Raffile*, etc. (Lith.
de Motte.) 11 pièces.

COUDER (Charles-Louis-Auguste),

Élève de Regnault et de David, né à Paris le 1er avril 1790 ;
membre de l'Institut.

89. *Abel Stouf, statuaire, dédié à ses camarades. Fait de souve-*
nir par A. C., 1819. (Lith. G. Engelmann.)

COUPIN DE LA COUPERIE,

Amateur, élève et ami de Girodet, né à Sèvres, en 1773.

90. Portrait de Coupin de la Couperie, par Girodet. (Voir
plus loin à *Girodet.*)

91. Portrait du frère de Coupin de la Couperie. Les inscriptions qui ornent le tombeau placé au-dessous du portrait sont écrites au crayon.—Autre portrait du frère de
Coupin, dans sa jeunesse. Au-dessous un navire frappé
par la foudre et le vers : *Heu! miserande....* (Lith. Constant.)

92. Andromède.—Nymphe debout et nue.—Médora.—Chris-
tine de Pisan, et autres. (Lith. Constant.) Avant la
lettre.—La Veuve du matelot breton, 1825. (Delpech.)
—Galerie supérieure du palais du doge, 1824. (Engelmann.) 9 pièces.

COURTIN (Louis-Pierre-Marie),

Élève de Mathes et Decroche, peintres de décor, né à Châteauneuf
le 8 décembre 1788.

93. Hôtel de Thelusson, rue de Provence; dessiné d'après
nature. — *Vue prise de la rue d'Artois,* et Vue prise de
l'extérieur de la propriété. [2 pièces.]

COUTAN (Amable-Paul),

Élève de Gros, né à Paris le 13 déc. 1792; mort le 30 mars 1837.

94. Le Dessinateur. — La Remontrance inutile.— Le Guide
écossais, etc., 1828. (Lith. Delpech.) 5 pièces.

Baron CRÉPY LE PRINCE (Charles-Édouard),

Amateur, élève de David et de Berlin, né à Paris le 21 févr. 1784.

95. Galerie des Grotesques.—Ménagerie libérale.—Portraits satiriques; extraits du journal *la Foudre.* On y reconnaît Béranger en chanteur des rues.

96. Louvel, assassin du duc de Berry, de profil à gauche, la tête nue; au-dessous un poignard. Avant la lettre.

97. Portrait du duc de Reggio, 1818,—du général Lauriston. 1820, — du baron de la Ferté, intendant des théâtres royaux, 1823, — de M. de Cailleux de Coetlosquet, — Macdonald, — de Perignon, — de Coutard,—de La Rochefoucauld Doudeauville.

98. Portrait de personnages marquants sous la Restauration. 26 pièces avant la lettre, et avec les armes; la plupart ont le nom écrit à la main.

99. Portraits de dames; presque tous avant la lettre. 10 p.

DAGUERRE (Louis-Jacques),

Élève de Dagoty, né à Cormeille (Seine-et-Oise) le 18 nov. 1787.

On sait qu'avant la merveilleuse découverte à laquelle il a attaché son nom, Daguerre avait, en collaboration avec Bouton, perfectionné le Diorama.

100. Entrée de l'église du Saint-Sépulcre. (G. Engelmann.) — Citerne en ruine, à Montmartre. — Souterrain exécuté pour l'Ambigu-Comique, 1817. (Lith. C. Motte.) — Ruines de l'abbaye de Jumiéges. (Pl. 12 du *Voyage* de Taylor). 4 pièces.

DECAMPS (Alexandre-Gabriel),

Né à Paris, le 3 mai 1803; travailla chez M. Abel de Pujol; mort à Fontainebleau d'une chute de cheval, le 22 août 1860.

101. Portrait de Decamps, eau-forte par M. A. Masson.—Por-

trait-charge de Decamps, lithog. par Benjamin. Extrait d'une suite publiée en 1839 dans le *Charivari* sous le titre : *Panthéon charivarique* avec des vers au bas.

102. *Les ânes sous le toit.* Épreuve sur chine avant le n° 12, qui lui a été donné dans la publication des *Artistes contemporains*, et avant *Decamps sculpsit* dans la marge.

103. *Une visite à l'Hôtel-Dieu.* (Lith. de C. Motte.)

104. Le Savoyard et le singe. Épreuve avant la lettre et avant l'adresse de Motte.

105. Un jeune homme, qui est tombé à plat ventre devant la loge du concierge en descendant un escalier dans l'obscurité, se tient le nez à pleine main ; une servante attirée par le bruit arrive sur le palier, une chandelle à la main. Signé au grattoir sur le dernier degré, *Decamps.* Haut. 210, larg. 160 millim.

106. *Le thermomètre.* (Lith. de C. Motte, rue des Marais.)

107. Un nègre, le carcan au cou, les fers aux pieds, est accoudé à un rocher. Extrait du journal l'*Album*. Avant toute lettre et le titre : *Pauvre noir!* Haut 125, larg. 90 mil.

108. Quatre marins turcs, dont l'un est assis sur un tonneau et l'autre radoube une barque, semblent écouter un homme appuyé à cette barque. Haut. 45, larg. 140 m. État avant le ciel dans la partie gauche d'une lithographie. Exécutée en partie à la plume.

109. Épisode du Massacre de Scio, extrait du journal l'*Album*. Épreuve avant toute lettre.

110. Un Grec s'agenouille devant un tombeau ombragé par un saule pleureur ; devant lui un autre Grec debout, accoudé au tombeau, désigne du bras un combat qui occupe le fond de la composition. Haut. 130, larg. 180 millim. Nous avons conservé l'attribution de M. Parguez qui avait écrit en marge le nom de Decamps, sous la dictée de l'imprimeur Motte.

111. *Bataille de Mondovi.* Decamps *del.* (Lith. de C. Motte.)—
Bataille d'Aboukir. Decamps *del.* (Lith. de C. Motte.)
Épreuve avant le titre et avant que le général Murat
n'ait de moustaches apparentes.

Ces deux lithographies sont détachées de la *Vie politique et militaire de Napoléon,* par A.-V. Arnault. Paris, 1822.

112. *Classe de français.* M. Contrarius.

113. *La France pleure ses victimes*, etc. (Lith. de *Gihaut frères, éditeurs.* Publié chez Gihaut, le 4 sept. 1830.)
L'épreuve est tachée.

114. *Vue intérieure d'une baraque.* (A Paris chez Ædit, marchand d'Estampes, rue Vivienne, 2; lith. de *Delarue,* rue *Notre-Dame-des-Victoires*, 16.). Cette pièce coloriée et rognée doit porter le titre *Pasquinade.*

115. Croquis, par divers artistes. N°s 3, 19, 20, 32, 39, 40, 45, 49, 52, 55, 56; les n°s 3, 19 et 40 portent les adresses de Rittner et Ch. Tilt, Ostervald aîné et Lemercier, ce qui constitue la première publication. Les autres sont avec l'adresse de Danlos.

116. *Les Mendiants.* — *Une Rencontre.* — *Le Coup décisif.* — *Le Lièvre* et *la Tortue.* Decamps *del.* (Lith. de Frey.)
Publiés dans le journal l'*Artiste,* 1834 et 1836.

117. Cahier publié chez Gihaut en 1830. N°s 1, 2, 3, 8, 9, les n°s 2 et 9 sur papier jaune.

118. Cahier publié par Giraldon Bovinet. N°s 3 et 5, avec les adresses effacées.

119. Croquis de chasse.—*Chasse au furet et à blanc.*—*Le Retour de la chasse.* — *Escalade.* (Imp. lith. de Gihaut frères.)
London, 1829, chez Gihaut frères, éditeurs.

120. D'après Decamps : *L'Arménien,* par A. Bouquet.—*Gardes du vizir,* par E. Le Roux. Avant le titre.—Deux p. par Marvy et Masson.

DELACROIX (Eugène-Ferdinand),

Élève de Guérin, né à Charenton, le 26 avril 1798 ;
membre de l'Institut.

121. Portrait de M. le baron Schwiter, son élève, en buste, vu presque en face, habit noir, gilet et cravate blanche, assis sur une chaise sur le dossier de laquelle est passé son bras droit. On lit à gauche *Eug. Delacroix*, et en haut à droite *Æt*s. XXI. Épreuve sur chine.

122. *M. Martial Marcet*, portrait en buste d'un jeune ecclésiastique, vu de trois quarts, tourné vers la gauche. *Devéria, d'après nature.* (Lith. de Langlumé et Cie.) *Eug. Delacroix.*

123. *La Consultation.* (Lithog. de C. Motte.) Quatre médecins sont assis dans la chambre d'un malade agonisant qui de son lit semble les écouter avec terreur. L'un d'eux pérore, les autres l'écoutent en somnolant ou la tête appuyée sur leur canne à corbin. Derrière leur chaise la mort assise aiguise sa faux en ricanant. Épreuve d'essai imprimée sur le dos d'une carte géographique.

124. *Un bonhomme de lettres en méditation*, assis dans son cabinet, les pieds sur *l'Émile* et sur *le Dictionnaire philosophique,* coiffé d'une fontange pyramidale, se tient le menton et murmure : *dans quel siècle sommes-nous!!!* Sur la table on remarque une bougie avec son éteignoir, posée sur *Zénobie,* une brioche sur une pile d'in-folio intitulés *Bonnes lettres, Dissertations sur les naufrages, Poésies de Marcellus,* et une bouteille d'*Eau du Jourdain.* On lit sur un papier ce titre : *A Monsieur Bonhomme, rue de Grammont, maison des —.* On distingue sur les murs un arbre généalogique, le portrait de Wellington et un AUTO-DA-FÉ. (Lith. de C. Motte, rue des Marais, faub. Saint-Germ.)

> C'est une charge dirigée contre la Société de bonnes lettres, fondée vers 1821, avec les intentions les plus rétrogrades, sou les auspices de Châteaubriand et de M. de Bonald.

125. Lion dévorant un cheval. (Imp. Bertaut.) N⁰ 17 des *Ar-*
tistes contemporains.

126. Femme d'Alger couchée sur des carreaux ; en tête dans
le Livre d'or de Curmer. — Une Rue à Alger, cul-de-
lampe pour la même feuille. Ces deux lithographies
sont à la plume. -

127. *L'empereur Charles-Quint au monastère de Saint-Just.*
Extrait de *Bagatelle,* journal de France, n⁰ 31. *Dela-*
croix. (Lith. de Engelmann.)

128. *Jeune tigre jouant avec sa mère.* Extrait de l'*Artiste. Eug.*
Delacroix. (Lith. de Delaunois.) — *Le jeune Clifford trou-*
vant le corps de son père sur le champ de bataille de l'Al-
ban. (Shakspeare, Henri IV.) Extrait de l'*Artiste. Eug.*
Delacroix. (Lith. de —).

129. *Scènes des massacres de Scio, par M. Delacroix. (Lith. de C.*
Motte.) Pièce presque simplement au trait, sur chine.
(Attribuée.)

130. *Ivanhoé. Chap.* xxii. *Walter Scott. Chien maudit, issu*
d'une race maudite, etc. Avec le texte anglais. N⁰ 11.
Delacroix fecit. (*Imp. lith. de H. Gaugain.*) Épr. sur chine.

131. Une feuille contenant dix médailles antiques, un médaillon représentant la Victoire, et une aumônière rayée.
On lit au bas du médaillon les lettres G. S. E. 18—
écrites au grattoir, et au milieu, près d'une tête d'oiseau grotesque, *third lithographic essay.* Cette lithographie avait été faite pour le cabinet du duc de Blacas.

132. Feuille de croquis. Un Turc debout. — Un homme âgé
marchant, un chapeau à plumes à la main, une épée
sous le bras. — Un effet de lune dans les ruines d'un
monastère. — Deux bustes d'homme à g. et à dr.

133. Le Giaour. Il arrête son cheval qui foule aux pieds le
pacha mort, dont le cheval se cabre au loin. L'horizon

est fermé par des montagnes. On remarque, dans les croquis essayés à la marge inférieure, une tête de lévrier et une étude pour la tête du pacha.

134. *Hamlet.* Hamlet debout tient dans sa main le crâne d'Yorick. Le fossoyeur le regarde couché sur le bord de la fosse. Au fond défile un convoi portant un cercueil. Signé à droite *Eug. Delacroix.* On distingue sur les marges un croquis de tête de mort, deux visages d'homme et un nez de cheval.

135. *Jane Shore. Acte V, Sc. II... Sho. Éloigne ces noires idées de tristesse et de faute.... Mes bras, mon cœur te sont ouverts : Viens que je te ramène dans ta maison abandonnée.* (Rowe.) Avec le texte anglais. *Eug. Delacroix inv. et del.* (lith. de G. Motte), sur chine.

136. *Macbeth..... Toil and trouble,*
      Fire burn and cauldron bubble.

Pièce en hauteur, presque entièrement exécutée au grattoir. (Lith. de G. Engelmann.)

137. Titre pour le *Faust* et cul-de-lampe. Épreuves d'essai avec un croquis d'ornement dans la marge à gauche. Sur chine. Nous croyons ces deux compositions sur chine sinon inventées, au moins exécutées par A. Devéria.

138. Portrait en buste de Gœthe pour le *Faust. Delacroix.* (*Lith. de C. Motte.*) Avec la signature. Épreuve sur chine.

139. Méphistophélès dans les airs. Épreuve sur chine avant le nom de Delacroix, l'adresse de Motte et les deux lignes : « De temps en temps .... »

140. Faust debout dans son cabinet. Épreuve d'essai sur chine avant toute inscription. Parmi les croquis qui couvrent la marge à gauche et au bas, on distingue un casque, une tête de cheval et des poignées d'épée.

141. Faust et Wagner assis dans la campagne. Épreuve d'essai sur papier blanc. Un triple trait circonscrit la composition. A gauche, dans la marge, un Grec debout. Avant toute inscription.

142. Autre épreuve de même état, plus vigoureuse, avec le croquis effacé.

143. « *Il grogne et n'ose vous aborder, il se couche sur le ventre. Il remue la queue.* » *Delacroix invenit et lithog.* (*Lith. de C. Motte à Paris.*)

144. Méphisto apparaissant à Faust. Épreuve sur blanc, avant toute espèce d'inscription.

145. Méphisto sous les habits de Faust recevant l'écolier. Épreuve sur blanc, avant toute espèce d'inscription.

146. Méphisto dans la taverne des étudiants faisant jaillir des flammes de la table. Épreuve d'essai sur blanc, avant toute espèce d'inscription.

147. Faust cherchant à séduire Marguerite. Un triple trait circonscrit la composition. Épreuve sur blanc, avant toute espèce d'inscription.

148. Méphisto se présentant chez Marthe. Épreuve d'essai avant toute espèce d'inscription. Parmi les croquis qui couvrent les marges on distingue des lions assis ou couchés, des lionnes marchant ou couchées, une tête d'éléphant, des têtes humaines, des cavaliers se heurtant, etc.

149. Marguerite rêvant près de son rouet. Épreuve d'essai avant toute inscription. On distingue, dans la marge inférieure, un croquis de paysage.

150. Le duel de Faust et de Valentin. Épreuve d'essai avant toute inscription. Parmi les croquis des marges, une épée, un train de derrière de cheval, un page, etc.

151. Faust et Méphisto s'enfuyant. Épreuve d'essai avant toute inscription. Dans la marge à droite, un homme en costume allemand.

152. Marguerite à l'église. Épreuve d'essai avant toute inscription. Un triple trait carré circonscrit la composition.

153. Faust et Méphisto dans les montagnes de Harz. Épreuve d'essai avant toute inscription. Dans les marges, croquis de chevaux, de barque à voile, de lézard, etc.

154 L'ombre de Marguerite apparaissant à Faust au Brocken. Epreuve d'essai avant toute inscription. Avec croquis confus dans les marges.

155. Faust et Méphisto galopant dans la nuit du sabbat. Épreuve d'essai avant toute inscription. Avec croquis de chevaux dans les marges.

156. Faust dans la prison de Marguerite. Épreuve d'essai avant toute espèce d'inscription.

157. Mort de l'évêque de Liége, par Mouilleron, et 2 autres pièces d'après Eug. Delacroix.

DELORME (Pierre-Claude-François),

Élève de Girodet, né le 28 juillet 1783, mort à Paris en 1860 ; membre de l'Institut.

158. Portrait allégorique du duc de Bordeaux, couché sur le manteau royal et jouant avec un lis et une branche d'olivier.

159. L'Amour contemplant Psyché endormie. — L'Amour fuyant Psyché.—Zéphyre enlevant Psyché endormie. —Angélique.—Jupiter et Io.—Jupiter et Léda. Composition en hauteur avant toute lettre.—La mort de Virginie. — Rebecca pansant Ivanhoé. Avant toute lettre.

.—Ariane abandonnée.—Vénus et Anchise. Cette dernière signée *Delorme*. 2 p. en largeur. 10 pièces.

DEMARNE (Jean-Louis),

Élève de Gabriel Briard, né à Bruxelles, le 7 mars 1744,
mort à Batignolles le 23 mars 1829.

160. Intérieur d'une cour de ferme avec personnages et animaux. Pièce en largeur. Signé *De Marne*. (Imp. de
G. Engelmann.) — L'abreuvoir. Avant toute lettre et
autres sujets d'animaux. [*Ens.*, 7 pièces.]

Le baron DENON (Dominique-Vivant),

Né à Châlon-sur-Saône, le 4 janv. 1747, mort à Paris le 27 avril 1825 ;
membre de l'Institut.

161. Portrait de M. Denon, par Berthon ; mai 1825,—par Jules
Boilly, 1820. — Autre portrait en pied dans son cabinet, d'après Berthon, par Mauzaisse et Camoin.—Portrait de M. Denon dessinant debout dans la campagne,
eau-forte, anonyme.

162. Allégorie sur les différents âges de la vie. Au-dessous
du Temps qui emporte ses portraits peints sur une
draperie, on le voit réchauffant l'Amour au milieu de
la neige, lithog. par lui-même.—Sur la même feuille,
Denon par Laffitte, et deux autres portraits, 1816. —
Sur la même feuille, Denon par Mauzaisse et Mauzaisse
par Denon, 1825, tous deux dessinant.—Autre portrait
où on le voit dessinant deux jeunes filles.

163. Le prince Ed. de Beauvau, madame Lavalu, madame
la comtesse de Valory, 1817. Avant toute lettre.—Lady
Mildenay faisant l'aumône, avec ses femmes. Avant
toute lettre. Madame Barberi, 1817 ; madame de Lespinasse, 1818 ; madame Robinson, l'actrice ; madame
Treucq ; madame Palmenici ; madame Seymours,

1817; M. et madame Staisted, 1823, amateurs anglais, amis de M. Denon.—Les délices de la campagne,
Denon del. et sc. ad vivum, 1816 ; portraits à mi-jambe
de trois jeunes femmes; madame de Sainte-Aulaire,
1819. Ces portraits, tous avant la lettre, portent au
bas les noms écrits à la main sous la dictée de M. Denon lui-même.

164. Portraits de femmes, parmi lesquels on reconnaît celui
de miss Robinson, 17 pièces avant la lettre.

165. Portraits dessinés en tous sens sur la même feuille,
parmi lesquels celui de Brunet, madame Sartrou-
ville, mademoiselle de Carloti.— Portraits de Brunet
et du comte de Lasteyrie. — Sulcowsky, dessiné
quelques heures avant sa mort, lors de l'insurrec-
tion du Caire. — Dolomieu, dessiné par V. Denon,
devant Cass Schaabas Ammers. — Le comte de Lacé-
pède. Épreuve à deux teintes avant toute lettre. — Le
duc de Bassano, *dessiné par mademoiselle de Romilly,
gravé par madame de Bruyère et Denon.*—Le duc de Bel-
ford ; M. Welesley ; M. Beintz, 1821 ; le comte Cico-
guara, avant la lettre ; M. Forbes, père de madame de
Montalembert ; M. de Tramecour.—M. de Sommariva ;
A. de Humboldt ; le prince Bos Scul ; M. le comte Mol-
lien, à table ; portrait d'homme (sans marge) ; Mirza
Sauleh, profil de Turc, 1820, etc. 18 pièces.

166. Le général Frégia, — et autres portraits d'hommes,
avant la lettre. 9 pièces.

167. *Temple de Sibylle à Méreville,* paysages, études d'après
différents maîtres. — Crébillon, d'après Latour, etc.
15 pièces.—*Essai au crayon, à la plume et à l'estompe,
fait à la lithographie de Munich le 15 nov. 1809. Denon
inv. et fecit. Munich,* 1809. Une mère fait jouer ses enfants avec un mouton.

DEROY (Isidore),

Élève de Cassas, né à Paris le 17 avril 1797.

168. Paysages des environs de Paris. (Lith. C. Constant.) 4 pièces en larg. et 4 en haut.—Statue tirée de Saint-Thibault, sur chine. (C. Motte.)—Newstead, Abbey.—Château de Maison, et autres. 13 pièces.

169. Quatre Vues du château de Lagrange, habitation de La Fayette, d'après Fischer. (Lith. de Villain.)

DESENNE (Alexandre);

Dessinateur, né à Paris le 1er janv. 1785, mort le 31 janv. 1827.

170. Portrait de Desenne, eau-forte, par M. Henriquel-Dupont.

171. *Chactas* dans la forêt, sur chine, avant la lettre.—René. J'aperçois souvent.... (Lith. de C. Motte.) — Génie du christianisme. — Le Guerrier s'éveille à demi..., sur chine.—Les *Martyrs*. Je découvre un esquif.... 7 p.

172. Le peintre classique, le peintre romantique. (Lith. de F. Noël.) — La Subordination, Marianne la folle, et autres vignettes. 5 pièces.

173. *Tartuffe*. Prenez-moi ce mouchoir *et* Mon Dieu, que de ce point l'ouvrage est merveilleux. (Lith. de F. Noël.) *Publié par Giraldon Bovinet.* Épr. sur chine.—Daphnis et Chloé, 2 p.—Paul et Virginie, 2 p. (Lith. de C. Motte.); et les Alouettes (F. Noël), publié par Giraldon Bovinet, cette dernière sur chine. 6 pièces.

DESNOYERS-BOUCHER (Auguste-Gaspard-Louis),

Graveur, membre de l'Institut, élève de Lethierre et de Tardieu, né à Paris le 20 déc. 1779, mort en 1858.

Il faisait partie de la commission nommée en 1816, par l'Insti-

tut, pour rédiger un rapport sur la lithographie nouvellement
importée en France par Engelmann.

174. Têtes d'étude de vieillards, le front ceint d'une ban-
delette.

DEVÉRIA (Achille-Jacques-Jean-Paris),

Élève de Laffitte, né à Paris le 6 février 1800, mort conservateur
du cabinet des Estampes, le 25 déc. 1857.

175. *Petit, médecin en chef de l'Hôtel-Dieu,—Ternaux,—Gévau-
dan, députés de la Seine ; — Le général La Fayette.* 1823.

176. Portraits d'homme, avant la lettre. 5 pièces.

177. *Madame Campan (Henriette Genet), dédié à ses élèves.* (Delpech.) Profil.

178. Portraits de femmes, avant la lettre. 8 pièces dont plusieurs sont sur chine.

179. Apothéose des quatre sergents de La Rochelle.

180. Sujets de genre, costumes, scènes. Extraits de divers
albums, la plupart sur chine. 29 pièces.

DUPONT-HENRIQUEL (Louis-Pierre),

Graveur, membre de l'Institut, élève de Guérin et de Bervic,
né à Paris le 13 juin 1797.

181. Portrait de M. Parguez. *H. Dupont*, 1828. Il est assis
sur une chaise, vu à mi-jambes, les mains croi-
sées et la tête nue. Épreuve sur papier blanc, sur
papier teinté et sur chine.

182. *Louis-Pierre Louvel. Dessiné sur la place de Grève, en montant à l'échafaud, le 8 juin 1820.* (Lith. Langlumé.) Il
a le cou nu et son chapeau rond sur la tête.

183. *Les Caresses maternelles*, signé D... (Lith. de Ducaïmé.)
Cetté épreuve est coloriée. — Ces trois pièces sont les
seules lithographies qu'ait exécutées l'illustre graveur.

DUPRÉ (Louis),

Élève de David, né à Versailles le 9 janvier 1789, mort à Paris
le 11 octobre 1837.

184. *Michele Carafa*. 1825. (Lith. de Feillet.)— Vénus et Anchise, d'après un bronze, chine. Fragment de statue
antique. — Pompéi, fontaine de Katiana, et scènes.
14 pièces.

185. D'après nature, Tête d'enfant. (Lasteyrie.)— La Vierge
de la Thyamis, costumes grecs, 4 pièces extraites d'un
Voyage en Grèce. (C. Motte.) — Autre portrait d'académicien.

ENFANTIN (Augustin),

Élève de Bertin, né à Belleville le 29 août 1793,
mort à Naples le 16 octobre 1827.

186. Portrait de A. Enfantin, par Colin, 1828.

187. Essais lithographiques (Villain), et Vignettes. 3 pièces.
(Berdalle.)

188. Études de paysages. 5 pièces, avant la lettre. — A Charenton. — A Montmartre, etc. 9 pièces. (Villain.)

189. Paysages. 12 pièces sur chine.

ENGELMANN (Godefroy),

Élève de Regnault, né à Mulhouse le 17 août 1783.

Engelmann a été l'un des premiers et l'un des plus actifs propaga-
teurs de la lithographie en France.

190. *Imitation de gravure sur bois par le procédé lithographique
de G. Engelmann.—Série lithographique*, 1819.—Autres
pièces extraites du *Manuel*. [4 pièces.]

FIELDING-NEWTON (Himberd Smith),

Né à Huntington (Angleterre) le 17 octobre 1799.

191. *Animals drawn on stone, by Newton Fielding*, 1829, publié et imprimé par Ch. Motte. 13 pièces avec le titre double, au lavis, chine. (C. Motte.)

192. *Ruines du château de Richecourt.* (N° 136 du *Voyage en Franche-Comté* de Taylor). — *Ruines du château de Passavant.* (N° 142 du même ouvrage.) (G. Engelmann.)

FLEURY (Robert),

Élève de Gros et Girodet, né à Cologne le 29 août 1798,
membre de l'Institut.

193. *Pirates*, 1820. (G. Engelmann.) — *Le billet de logement*, 1820. (C. Motte.) 2 pièces.

Le comte de FORBIN,

Membre de l'Institut, né à Larroque le 19 août 1779.

194. Portrait du comte de Forbin, par Boilly. — *Premier essai sur pierre. M. le comte de Forbin, directeur général des musées royaux, le 29 sept. 1818, au retour de son voyage en Grèce, honora de sa présence l'établissement lithographique de G. Engelmann, rue Cassette, n° 18, à Paris.* Au-dessus, un croquis représentant les ruines d'un temple grec au milieu de rochers. — *Porte d'Éphraïm à Jérusalem.* 3 pièces.

FORTIN (Auguste-Félix),

Élève du statuaire Lecomte, né à Paris le 1er octobre 1763,
mort le 7 juillet 1832.

195. *Soldat.*—Philosophe.—Léda. Avant la lettre. (C. Motte.) 3 pièces.

FRAGONARD (Alexandre-Évariste),

Élève de David, né à Paris en 1781.

196. Portraits d'homme, avant la lettre. 1817. 3 pièces.

197. Monument à élever au général Pichegru. Prospectus de souscription, sur chine.

198. Portail de Saint-Hildebert (n° 103). — Cheminée de l'hôtel du cardinal de Jouffroy (n° 197). — Vestibule du château de Mesmeres (n° 231) du *Voyage en Franche-Comté* de Taylor, sur chine, et Frontispices pour les *Voyages* de Taylor. 6 pièces.

199. Poêle en faïence de la collection Du Sommerard, sur chine. — Scènes de roman, paysages avec figures, vignettes, intérieurs, etc. 35 pièces sur chine, et la plupart avant la lettre.

FRANCQUE (Philippe-Conrad-Chrétien),

Élève de David, né à Alt-Stettin le 16 octobre 1778.

200. Trois portraits d'homme.

201. Le vieux sergent, ménestrel. (C. Constant.) — *L'Orage.* (Madame Hulin.) — *La Beauté dirige les traits de l'Amour.* (C. Motte.)—La Paix.—Anacréon accueillant l'Amour.

GAILLOT (Bernard),

Élève de David, né à Versailles le 17 février 1780.

Il exécuta pour Engelmann et Senefelder des essais au lavis du plus haut intérêt, et que nous possédons en grande partie.

202. Essais lithographiques. Scènes et paysages.—Les Vendanges et Bassin du canal de l'Ourcq, extrait de l'*Al-*

bum.—Butas, essai en lavis de Gaillot, pl. II, III, IV de l'ouvrage de Senefelder et autres.—Amateurs exécutant une courante, avec une copie.—Les Ganaches à l'endroit difficile. 33 pièces.

203. Enfantillages, étrennes pour les grands et les petits, 1824. 15 pièces.

GÉRARD (François-Pascal-Simon),

Élève de David, né à Rome en 1771, mort à Paris en 1837 ; membre de l'Institut.

204. Portrait en buste d'Henri IV, tête nue, avec une écharpe, dans un ovale, circonscrit dans un carré dont les angles sont teintés de traits horizontaux. Il regarde de trois quarts vers la gauche.

205. Portrait en buste d'Henri IV, tête nue, vu presque de face, avec le grand cordon du Saint-Esprit, dans un ovale circonscrit dans un carré. Il regarde le spectateur. Cette épreuve est imprimée sur le revers d'une *Ode sur le mariage de L. A. R. monseigneur le duc de Berry et la princesse Caroline de Naples.*

206. Portrait de la duchesse de Berry. Profil tourné vers la droite, décolletée, avec un collier de perles et une toque à plumes, dans un ovale. On remarque au-dessous un bouquet de roses et de lis.

207. Portrait du général O'Connor. Profil regardant vers la droite. Il est signé *Gérard.* (Lith. de C. de Lasteyrie.) Ces quatre pièces sont, à notre connaissance, les seules lithographies du baron Gérard.

GÉRICAULT (J.-L.-Théodore-André),

Né à Rouen le 26 sept. 1791, élève de C Vernet et de Guérin, mort à Paris le 26 janvier 1824.

208. Portrait de Géricault, *lith. par Devéria en* 1824, d'après

un dessin trouvé dans des livres qui lui ont appartenu.

209. Portrait de Géricault, *par A. Colin,* 1824, d'après un portrait fait en 1816.

210. Portrait de Géricault, la tête couverte d'une calotte et posée sur un oreiller.—Autre portrait, un bonnet grec sur la tête; tous deux par M. Léon Cogniet, sur chine.

211. Portrait de Géricault, un mouchoir noir autour de la tête, lithog. par Vienot, d'après H. Vernet. (Lith. de F. Noel.) Sur chine.

212. *Géricault.—Tony Touillon,* 1843 (Rosselin, éditeur, lith. Grégoire et Deneux), en buste, une calotte noire sur la tête, col de chemise rabattu, avec un vêtement boutonné. Au bas un fac-simile de sa signature.

213. Un dessin fait d'après le croquis d'Horace Vernet et qui a servi à M. Colin. Il provient de la vente Horace Vernet. Versailles, 1852. — Portrait de Géricault, dans un ovale, épreuve d'eau-forte, par M. Ch. Demat, 1845. Ce portrait n'a point été publié.

214. *Géricault.* Il est dans la même pose que celui de Colin. (Lith. de Chabert.)

215. Mort de Géricault, lith. par Maurin, d'après le tableau d'Ary Scheffer. Sur chine.

216. Tombeau de Géricault, par M. Etex, eau-forte, extraite du Journal des Artistes, 1841, et bois, extraits du Magasin pittoresque.

217. Portrait d'homme (M. Castelle?), vu à mi-corps, la tête nue de face, la main droite passée dans son gilet. *Géricault* del. (Lith. de C. Motte.) La pierre sur laquelle Géricault a dessiné ce portrait d'une plume vigoureuse et même lourde, appartenait à M. Bruzard qui l'a effacé après n'en avoir fait tirer que quelques épreuves. Trait carré, haut. 175, larg. 150 millim.

218. Jeune homme, à longs cheveux blonds, costume noir à crevés, large fraise blanche, vu jusqu'à mi-jambe, porte sur l'épaule droite un étendard blanc. *Géricault.* Haut. 167, larg. 140 millim.

219. Deux bergers de la campagne de Rome conduisent à cheval des bœufs qu'excite un chien. L'épreuve est coupée au bord du trait carré.

220. *Le Factionnaire suisse au Louvre. Géricault*, 1819. (Imp. lith. de Delpech.)

221. *Don José de S. Martin, general en xefe de los exercitos aliados de Buenos Ayres y Chile.*

222. *Batalla de Maïpu* ganada sobre los Españoles el 5 marzo 1818, por las tropas aliadas de Buenos Ayres y Chile mandadas por el capitan general Don Jose de San Martin. Dedicado á los heroes de Chacabuco y Maïpu. Notre épreuve, collée en plein, n'a pas de marges.

223. *Batalla de Chacabuco,* ganada sobre los Españoles el 12 de febrero 1817, por las tropas de Buenos Ayres, mandadas por el capitan géneral Don Jose San Martin. Dedicado á los heroes de Chacabuco y Maypu. Notre épreuve, collée en plein, n'a point de marges.

224. *Marche dans le désert.* Géricault del. (Lith. de G. Motte.) 2e état.

225. Épreuve de 1er état, avant la lettre.

226. *Passage du mont Saint-Bernard.* Géricault del. (Lith. de C. Motte, rue des Marais.) 2me état.

227. Épreuve de premier état avant le titre, et avant que les montagnes couvertes de neige n'aient été reprises au crayon. Cette pièce, ainsi que la précédente, a été publiée dans l'*Histoire de Napoléon* par Arnault.

228. Mameluck défendant un trompette blessé à mort sur
son cheval contre un cosaque qui arrive au galop.

229. Au milieu des neiges de la Russie un grenadier man-
chot tient la bride du cheval d'un cuirassier aveugle,
qui a le bras gauche en écharpe. Signé à dr. *Géricault.*
(Lith. de C. Motte.) Épreuve sur blanc.

230. Même sujet imprimé à deux teintes.

231. Un chariot, plein de soldats blessés ou mourants, est
traîné par trois chevaux dont l'un mord la fesse de
celui qui le précède. Signé à g. *Géricault* (Lith. de
C. Motte.)

232. Une laitière agenouillée panse la jambe d'un vétéran
assis sur l'arrière d'une charrette. Lith. à la plume
en forme de cul-de-lampe; h. 80, larg. 130 millim.

233. Trois soldats du train arrivent au galop de leurs chevaux
qui se présentent de face. Signé à dr. au grattoir *Géricault.* Nous ne connaissons que quatre épreuves de
cette pièce. La nôtre, collée en plein, n'a point de
marges.

234. Debout sur un caisson, ouvert et démonté, en travers
d'un pont, un artilleur, mèche allumée à la main,
montre le poing à un groupe d'Anglais arrêtés à droite.
Épreuve collée en plein et sans marges.

235. *Boxeurs.* (Lith. de C. Motte.)

236. Deux chevaux gris pommelés se mordent au cou en se
cabrant au milieu de l'écurie. Le garde d'écurie en
bonnet de police et en manches de chemise les frappe
à coups de balai pour arrêter le combat. Au premier
plan, dans l'ombre, un hussard couché sur la paille se
réveille et les regarde en jurant. A g. on aperçoit, au-
dessus de la mangeoire, la tête d'un autre cheval. La
pierre de cette admirable composition a été, suivant

l'attestation formelle de l'imprimeur Motte, brisée à
la seconde épreuve. Elle est imprimée à deux teintes.
Haut. 270, l. 350 millim. Collée en plein et sans marge.

237. *A cheval.* (Imp. lith. de F. Delpech.)

238. Un Turc écoute la foudre assis sur un rocher battu par
les flots. Titre pour une romance d'Amédée de Beau-
plan, publiée sous ce titre :

Je rêve d'elle au bruit des flots.

Notre épreuve est tirée avant la musique au verso.
(Lith. G. Engelmann.)

239. Charles-Quint étendu sur un catafalque fait exécuter la
messe des morts par les moines du couvent de Saint-
Just. *Géricault.* C'est un cul-de-lampe pour le *Voyage
pittoresque en Franche-Comté* du baron Taylor.

240. Église de Saint-Nicolas. P. 150 du *Voyage en Franche-
Comté.* L'architecture est de Lesaint, les figures seules
de Géricault, 1823. (Lith. Engelmann.) Sur chine.

241. *Various subjects drawn from life and on stone, by J. Géricault.* Cette inscription écrite sur la toile d'un fourgon
attelé est lue par un homme qui porte une pancarte
ornée de ces mots : *Shipwreck of the Meduse. J. Géricault inv.* Nº — 12 s. London, published and sold
by Rodwell and Martin, New Bond st., 1821. Printed
at C. Hulmandell's lithographic establishment, 51,
Great Marlboro' st. Titre sur papier teinté des
11 pièces suivantes :

242. *A Party of life guards.* J. Géricault *inv.* C. Hulmandell's
lithography. London, published by Rodwell and
Martin, New Bond st. Feb. I. 1821. Les 10 pièces suivantes, excepté *a French farrier*, portent toutes ces
trois inscriptions.

243. *The piper.*

244. « *Pity the sorrows of a poor old man!*
« *Whose trembling limbs have borne him to your door !*

245. *The Flemish farrier.*

246. *A French farrier.*

247. *The English farrier.*

248. *Horses exercising.*

249. *The Coal waggon.*

250. *Entrance of the Adelphi wharf.*

251. Première idée pour la composition précédente. Les trois chevaux, dont celui du milieu n'est qu'esquissé au trait, entrent de gauche à dr. sous la voûte qui est à peine indiquée. A droite la tête d'un ange qui porte la main à sa poitrine. Nous n'en connaissons pas d'autres épreuves.

252. *Horses going to a fair.*

253. *An Arabian horse.*

254. Portrait d'une dame, tenant sur ses genoux un de ses enfants et pressant contre elle les deux autres. *Géricault.* — Drawn on stone paper. — Printed by St. Marc Gazeau, 10, Radcliffe, rou City Road. Les caractères de ces inscriptions sont renversés, car c'est l'original avec lequel on tirait les épreuves. On peut considérer cette pièce curieuse comme un véritable dessin.

255. Jockey sur un cheval noir qui trotte. — Marchand de poisson endormi taquiné par des enfants, — Domestique sur un cheval de course qui marche au pas. — Gamins forçant un âne à marcher. — Lion dévorant un cheval. Ces quatre pièces, lithographiées à la plume, ont été tirées à l'aide d'un papier carton dont le portrait de dame du numéro ci-dessus indique la composition.

256. *Shipwreck of the Meduse.* (C. Hulmandell's lithography.)
« Croquis au trait et à l'encre. Il était distribué au
public lors de l'exposition à Londres du tableau de
Géricault. Ce croquis est fait presque entièrement par
Charlet; nous le savons de lui-même, » a écrit M. le
colonel de La Combe dans *Charlet, sa vie et ses œuvres,*
page 274.

257. Quatre compositions pour une relation du naufrage de
la Méduse. Nous croyons reconnaître le crayon de
Géricault dans celle dont la légende commence par
ces mots : « *Ces deux militaires s'approchèrent...* »

258. *Études de chevaux par Géricault.* A Paris chez Gihaut,
éditeur, marchand d'estampes, boulevard des Italiens,
n° 5. Couverture en hauteur. Sur chine. — *Études de
chevaux d'après nature.* Chez Gihaut, boulevard des
Italiens, n° 5. (Lith. G. Engelmann.) Second titre. Sur
chine, ainsi que toute la suite. — *Chevaux ardennés.*
Cette épreuve et les suivantes portent toutes à
gauche *Géricault*, à droite lith. de G. Engelmann. —
Jument égyptienne. — *Cheval arabe.* — *Cheval anglais.*
—*Cheval espagnol.*—*Chevaux flamands.*— *Cheval d'Ha-
novre.* — *Cheval de Mecklembourg.* — *Cheval de la plaine
de Caen.* —. *Cheval cauchois.* — *Chevaux d'Auvergne.*

259. Cheval que l'on promène au moment de la course. Cette
pièce, ainsi que les quatre suivantes, porte à g. le
nom de *Géricault*, à dr. *lith. de G. Engelmann.* Elles
sont sur chine. — La Course. — Cheval de charrette
sorti des timons.— Officier d'artillerie commandant la
charge.—Officier d'artillerie au galop, vu par le dos.

260. Trompette de chasseurs. Cette pièce porte à g. le nom
de *Géricault*, à dr. *lith. de Villain*, ainsi que les quatre
suivantes.— Charge de cuirassiers.— Un postillon. —
Chevaux conduits à l'écorcheur. — Cheval dévoré par
un lion.

261. Cheval blanc que l'on ferre. Lith. au tampon. *Géricault del.*, chez *Gihaut frères*. (Lith. de Villain.) —Un cheval anglais monté, lith. au tampon et au grattoir.—Cheval nu allant au trot. (*Lith. de Villain.*) —Cheval franchissant une barrière.

262. *Chevaux de ferme*, sur papier blanc.—Les boueux.—Un hangar de maréchal ferrant. — Un roulier montant une côte dans la neige.—Un cheval mort. Ces quatre pièces sur chine, sauf la première, portent toutes *Géricault.* (Lith. de G. Engelmann.) Chez madame Hulin, rue de la Paix, 21.

263. Jockey faisant galoper des chevaux gris. — Le chariot de charbon. —Cheval noir dans une écurie. — Vieux cheval à la porte d'une auberge.—Cheval de plâtrier. Ces cinq pièces portent à dr. *Géricault del.*, à g. lith. de Villain. Sur chine.

264. Jeune garçon donnant l'avoine à un cheval dételé.— Chevaux de poste à la porte de l'écurie.—Chevaux montant une côte. — Chevaux promenés au pas. — Cheval que l'on ferre dans les attelages. — Cheval de charrette à la porte d'un maréchal ferrant.—Chevaux de carrosse se mordant pendant qu'on les ferre. — Ces sept pièces portent *Géricault* del. (Lith. de Villain.) Chez Gihaut, boulevard, etc. Elles sont sur chine.

265. *Le Giaour.*—*Zara blessé. Géricault del.* (Lith. de Villain.) Chez *Gihaut. — Zara ; un des soldats qui l'entouraient.— Le Giaour ; cet ennemi est là qui le contemple...—La fiancée d'Abydos ; je t'ai dit que je n'étais... — Mazeppa ; le coursier tente de s'élancer. —* Géricault *et Eug. Lamy,* 1823. (Lith. de Villain.) Chez Gihaut. Sur chine.

266. 19 pièces lithographiées d'après des compositions de Géricault, par A. Devéria, Colin, Volmar, etc.

GIRODET-TRIOSON (Anne-Louis),

Élève de David, né à Montargis le 29 janvier 1767,
mort à Paris le 9 décembre 1824.

Il fut l'un des premiers artistes qui, en France, s'intéressèrent à la lithographie.

267. Portraits de Girodet, par Vigneron, 1825, — par Jules Boilly, *d'après nature*,—par Aubry Lecomte,— par J.-B. Lambert, 1825, fac-simile d'un dessin de Girodet

268. Portrait de Girodet entouré de ses élèves, en buste, par A. Colin.

269. Portrait de M. Coupin de la Couperie, G. T., *4 août* 1816, — *si pingi melius, non potuit melior.* (Lith. Engelmann.)

270. Portrait d'homme de profil vers la droite, cheveux rares ramenés sur le front, *P. et G.; 26 février* 1817, *amici amicum.* Ce portrait avait été commencé dans l'imprimerie d'Engelmann, par M. *P.*

271. Feuille contenant des figures étrusques, *essais lithographiques, au pinceau, à la plume, au crayon,* 20 *juillet* 1820. (Lith. Engelmann.)

272. Une feuille d'arbre, une tête de chat, un profil de femme. — L'Amour jouant de la flûte, devant un berger assis, à dr. Vénus dans le ciel. Lith. au trait.

273. Assis sur le rivage d'une mer agitée, Ossian étend les bras vers des rochers sur lesquels des cadavres sont battus par les flots. Derrière lui un esclave est lié par des cordes à un arbre. 2 épreuves dont l'une semble avoir été retouchée dans plusieurs parties.

274. Deux pièces d'après Girodet, par Gosse et Bouillet.

275. Portrait de *Châteaubriand* et portrait de M. de *Sèze*.

276. Portrait de femme, avant la lettre, par Aubry Lecomte, 1824. Sur chine.

277. Suite des études d'Aubry Lecomte, 1821.—N° 1 à 16, d'après l'Ossian de Girodet. (Lith. G. Engelmann.)

278. *Le Départ, le Combat* (lith. par Aubry Lecomte, 1824), *le Triomphe et le Retour du guerrier,* d'après des tableaux placés dans les appartements de Compiègne.

279. Antigone et autres. 2 pièces sur chine, par Aubry Lecomte.

280. Génies, 4 pièces, par H. S. Chatillon, 1824.

281. Amours des dieux, par Joseph Dassy, 1824. 2 pièces.

GRANDVILLE (Jean-Ignace—Isidore Gérard dit).

Né à Nancy le 15 sept. 1803, élève d'Hippolyte Lecomte, mort à Vauces le 17 mars 1847.

282. *Pie VII,* d'après David. — *Une jeune fille.* — *Odalisque.* — *Mardochée,* etc. 5 grandes pièces d'après Girodet et avec son concours.

283. *Les Tribulations.* Album de 12 pièces. (Lith. de Langlumé.)

284. Les Contre-temps. Album de 16 pièces (lith. de Villain), publié en janv. 1824, et 2 autres pièces,

GRENIER (François),

Élève de David et de Guérin, né à Paris le 22 juillet 1793.

285. Portraits d'hommes : Motte, Camille Jordan, etc.

286. Avant-poste (imprimerie lithographique) et pièces diverses, sur chine, avant la lettre; extraites d'albums, des journaux *le Miroir* ou *l'Album.* 29 pièces.

GREVEDON (Henri-Pierre-Louis),

Élève de Régnault, né à Paris le 15 déc. 1782, mort à Paris en 1860.

287. *Portrait de S. A. R. madame la duchesse d'Orléans*, d'après Gérard, 1824.—*F. P. L. d'Orléans, duc de Chartres*, 1826.—Le duc de Nemours, 1825.—Le duc de Beaujolais, 1825. (Avant la lettre.)—*C. F. d'Orléans, duc de Penthièvre.*—Le duc d'Aumale, 1825. (Avant la lettre.)—*L. M. Th. d'Orléans, mademoiselle de Chartres*, 1825.—*M. Ch. C. d'Orléans, mademoiselle de Valois*, 1825. —*M. Cl. L. d'Orléans, mademoiselle de Beaujolais*, 1825.—*E. Adélaïde-Louise d'Orléans*, 1827. Ces dix pièces, la plupart sur chine, sont imprimées chez Motte.

288. *Maximilien Speck*, 1826.—*Francis Henry Egerton*, 1825.—*Elisa von der Recke*, 1824. Sur chine.

289. *Ida de Sainte-Elme*, dite la Contemporaine, 1828. (Lith. A. Cheyère.) Avec la signature autographe dans l'angle.

290. Deux portraits d'homme et un portrait de femme. Avant la lettre.

291. *Baptiste aîné*, de la Comédie-Française, d'après Isabey, 1808, lequel l'avait copié d'après un pastel de Greuze. —*Mademoiselle Duchesnois, dans le rôle de Jeanne d'Arc*, d'après Berthon.—*Mademoiselle Mars*, d'après Gérard. — *Miss Biffin*, peintre, née sans jambes et sans bras, 1823.

292. La mort de Médora.—La Punition.—Un jeune homme et une jeune femme s'embrassant dans une chambre à coucher. (London.)

GROS (Antoine-Jean),

Élève de David, né à Paris le 16 mars 1771, mort à Meudon le 26 juin 1835.

293. Portrait de Gros, 1820, par L. Boilly.

294. Chef de mamelucks à cheval appelant du secours. Premier état, avant le nom de *Gros*, à l'encre lithographique.

295. Árabe du Désert. *Gros*, 1817. Sur blanc. (Lith. de C. de Lasteyrie.) Et une épreuve sur papier teinté. Ce sont les seules lithographies du maître.

GUDIN (Louis),

Élève de Girodet et H. Vernet, né le 28 sept. 1799, mort le 4 mars 1823.

296. Portrait de Louis Gudin, par Th. Gudin son frère. (Lith. de G. Engelmann.)—Notice biographique manuscrite, par H.-L. Sazerac.

297. Compositions, scènes, paysages, culs-de-lampe, etc., extraits de diverses publications, pour la plupart sur chine ou avant la lettre. 31 pièces.

298. Deux officiers de l'ex-garde résistant à l'arbitraire de 1815. (Lith. Engelmann.) 2 p. [16 pièces.]

GUDIN (Théodore).

Élève de Girodet-Trioson, né à Paris le 8 août 1802.

299. Scènes, marines ou paysages, la plupart sur chine. 16 pièces.

GUÉ (Julien-Michel),

Élève de David, né au Cap-Français le 31 juillet 1790.

300. Une croisée du château de Guillaume le Conquérant. (Lith. Formentin.) Sur chine. — *Théâtre de l'Opéra-Comique*. Décoration du 1er acte de Beniowsky. — *Théâtre de la Gaîté.* 3e acte du *Mont Sauvage.*—3e *décoration du 2e acte de Polichinelle avalé par la baleine.*—

1er *acte et* 3e *acte du Château de Loch Leven*. — 3e *acte de la Pauvre Orpheline.* — *Hameau servant dans plusieurs pièces.*—3e *acte du Mont Sauvage.*—3e *acte du Meurtrier.*—3e *acte de Paoli.* 11 pièces sur chine.

GUÉRIN (Pierre-Narcisse),

Élève de Regnault, né à Paris en 1774, mort à Rome en 1833.

Il fut nommé, en 1816, par l'Institut, membre d'une commission pour examiner les lithographies offertes par Engelmann. C'est à ce moment que, pour se rendre compte des procédés, il exécuta les quatre lithographies ci-après.

301. Portrait de Guérin, par Jules Boilly, 1820.

302. Le Repos du monde. Avant toute lettre.

303. Qui trop embrasse mal étreint. Avant la lettre. Sur chine.

304. *Le Paresseux.* Sur blanc et sur papier teinté.

305. *Le Vigilant.* Sur blanc et sur papier teinté.

HARDING (Jean-Duffield),

Né à Greenwich.

306. *Studies from nature.* (Hullmandel.) 2 pièces, publiées à Londres en 1835, par Rodwel and Martin.

307. Paysages, extraits du *Voyage en Franche-Comté* du baron Taylor, planches nos 38, 39, 76, 85, 92, 98, 116, 129, 130, 135, 140, 143, 146. 13 pièces sur chine.

HAUDEBOURT-LESCOT (Antoinette-Cécile-Hortense),

Élève de Lethierre, née à Paris.

308. Des Pifferari devant une madone. *Bonnemaison direxit.*—

L'Écrivain public. (Lith. de Villain.) Sur chine. — Le compte avec l'hôte. — La marchande de Tivoli. — La leçon maternelle, extraits de *l'Album.*

309. *Il Saltarello.* — L'Escarpolette. — Écrivain public. — Paysan devant une fontaine à miracles. *Mademoiselle Lescot,* 1818.

310. Costumes des environs de Rome. [21 pièces.]

HEIM (François-Joseph),

Élève de Vincent, né à Beffort le 15 janvier 1787.

311. *Arrivée à l'armée d'Italie.* Extrait de l'*Histoire de Napoléon* par Arnault. (Lith. C. Motte.) — Martyre de sainte Juliette et de saint Cyr, son fils. (Lith. Villain.)

312. Histoire de Gil Blas de Santillane, du n° 1 au n° 20, manquent les n°s 2 et 8.

HERSENT (Louis),

Né à Paris le 10 mars 1777, élève de Regnault, mort à Paris en 1860 ; membre de l'Institut.

313. Portrait de Hersent, par L. Boilly, 1822.

314. Les enfants de France, l'un debout près du berceau de l'autre. Avant la lettre.

315. *Clément Marot. Monseigneur l'évêque d'Hermopolis.* (Langlumé.) — *A. A. J. de Clermont-Tonnerre.* (F. Noël.)

316. Colosses de la plaine de Gournà, à Thèbes. — Entrée du sépulcre des Rois à Jérusalem. (G. Engelmann.) Pl. 37 et 38 du *Voyage dans le Levant en 1817 et 1818,* par le comte de Forbin.

317. *Le Petit Chien, l'Hermite, la Fiancée du roi de Garbe, Mazet de Lamporechio, les Rémois, le Pâtre, Joconde,*

le *Savetier, Comment l'esprit vient aux filles, le Re-*
mède, la Courtisane amoureuse, Contes de La Fontaine.
Hersent, 1819. (Imp. de Delpech.) 11 pièces.

318. Baigneuses, Ruben et Bala, Chactas dans la hutte d'A-
tala, un berger et une bergère antiques. Avant la
lettre. 4 pièces.

HESSE (Henri-Joseph),

Élève de David et d'Isabey, né à Paris le 21 octobre 1780.

319. Portrait de Hesse, par lui-même. *Hesse*, 1821.

320. Le comte de Jean, d'après Robert Lefèvre. — Le prince
de Léon, avant la lettre. — *Léon XII*, — et deux autres
portraits. 5 pièces.

HEUER (W.).

321. Portrait de la reine de Suède, médaillon de profil. —
M. Grossetier, avocat, et autre portrait d'homme âgé,
1821, avant la lettre. — Érard. — Jeune Femme assise,
vue à mi-jambe. [7 pièces.]

HOUBIGANT.

322. Son portrait, par Boggio, 1820.

323. Paysages et costumes russes. 9 pièces. (C. de Lasteyrie.)

HUET (Paul),

Élève de Gros et de Guérin, né à Paris le 3 octobre 1805.

324. *Paysages par Paul Huet*, 1829. *Imprimé et publié par Ch.*
Motte... Titre, *Gros temps, le Matin, la Plage, l'Entrée*
du bois , le Ruisseau , la Maison du maréchal , les

Cloches d'Harfleur, *la Prairie*, *le Braconnier*, *le Soir*, *les Ormeaux*, *le Crépuscule*. Cette suite, sur chine, numérotée de 1 à 12, porte en haut la lettre A, à g. *P. Huet del.*, à dr. Lith. de *C. Motte*, au milieu le titre, et au-dessous l'adresse de C. Motte à Paris et à Londres.

INGRES (Jean-Dominique-Augustin),

Élève de David, né à Montauban le 29 août 1780.

325. *The honorable Frederic Sylvester North Douglas, nat. 8 fév.* 1791, *mort 21 oct. 1819.* Il est debout, vu à mi-corps, sa main gauche est passée dans sa redingote boutonnée et ouverte au col; la tête vue de trois quarts vers la gauche, les yeux regardent le spectateur. Signé à dr. *Ingres, Rome* 1815. Haut. 185 millim., larg. 140.

326. *Odalisque* étendue sur les coussins d'un divan et tenant de la main gauche un chasse-mouches. Elle est vue du dos, accoudée sur le bras droit et retourne sa tête vers le spectateur. C'est la répétition du fameux tableau du maître. Elle a paru dans un album de Delpech. A g. *Ingres,* 1825. G. lith. de Delpech. Haut. du trait carré 132, larg. 210 millim.

327. Quatre seigneurs de la cour de Bourgogne causent, assis dans des chaises à haut dossier, sous une tente somptueuse, dont les draperies sont arrêtées par des écussons. *Ingres*, 1825. (Lith. de G. Engelmann.) Cul-de-lampe pour l'*Introduction* au *Voyage en Franche-Comté* du baron Taylor. Haut. 19, larg. 19 millim. Ce sont les trois seules lithographies de M. Ingres.

ISABEY (Jean-Baptiste),

Élève de David, né à Nancy le 11 avril 1767, mort à Paris en 1857.

328. Essai lithographique. Tête de femme levant les yeux. —Vignette pour un album dédié au duc de Berry, par

G. Dugazon. — Titre d'un *Album musical*. — La Balan-
çoire. (G. Engelmann.)

329. *Madame Sophie Gail, par son ami J. Isabey*, 1820.—*Madame
la Dauphine*, 1824. — La marquise d'Osmond, Madame
Horace Vernet, et cinq autres portraits de femme;
Avant la lettre.

330. *Le général d'Albignac*, d'après Jacque, 1823. — *Évariste
Parny.*—*A. Dubois*, 1818, d'après Gérard.—*F. Thomas*,
par son ami J. Isabey.—M. de Montenay, le prince Beau-
harnais et deux autres portraits d'homme. Avant la
lettre.

331. Portraits, sur deux feuilles, des diplomates du con-
grès de Vienne, et Arrivée du duc de Bordeaux à
Chambord, 1821.

331 *bis*. Caricatures. 12 pièces avec un titre en rébus. (C. Motte.)

332. Paysages et essais lithographiques, 1818. 15 pièces.

333. Vues et intérieurs, extraits des *Voyages romantiques* de
Taylor. 5 pièces et un cul-de-lampe. Sur chine.

ISABEY (Eugène-Louis-Gabriel),

Élève de son père, né à Paris le 21 juillet 1803.

334. Essai lithographique à la manière noire, une plage. —
—Intérieur d'un palais à Venise.—*Eugène Isabey, d'a-
près son père.*—Un Gréc retenu par une femme sur le
bord de la mer. (Lith. de Berdalle.) [3 pièces.]

JACOB (H. N.),

Dessinateur du prince d'Eichstadt.

335. *Portrait d'Aloys Senefelder*. 1re planche du *Mémorial universel des sciences et des arts.* (Langlumé.) — *Ch.*

*Ph. Oberkampf. — Le prince Eugène, duc de Leuchten-
berg.—Le comte Fédor Golowkin.—Éric Bernard,* rôle du
duc d'Orléans dans *Jean sans Peur.—Cartigny,* rôle de
Bernardilli dans *la Femme juge et partie.—Mademoiselle
Mars* dans la même pièce, et portrait de la même
debout.—*J. Ch. Fr. Duméril* et *A. M. C. Duméril,* profes-
seur d'hist. naturelle. — Pothier. — L'abbé de l'Épée.
10 pièces.

336. *Lady Morgan, la baronne de Staël* et autres portraits de
femmes. 8 pièces.—Combat d'amazones.—*Tombeau
d'Adèle Rotti,* et projets de meubles, etc. 9 pièces. —
Le Génie des beaux-arts encourageant la lithographie
et les perfectionnements. — Frontispice du nouveau
Journal des Dames, 1821.—L'École française des beaux-
arts à l'Académie française.

JACOTOT (Madame).

337. Buste de Diane de Poitiers.

BASSET DE JOLIMONT (François-Gabriel-Théodore),

Né à Rouen le 1er février 1787.

337 *bis.* Échantillon tiré d'une carrière de pierres lithographiques découverte dans les Alpes par M. Serres, etc.
(C. Motte.) 26 sept. 1823.—Six Vues diverses de Caen
et une de Rouen. (Motte et Langlumé, etc.) 13 pièces.

JOLY (A.),

Acteur du Vaudeville, mort à Toulouse en 1833.

338. Crypte du château Gaillard, pl. 185 et 207 du *Voyage
de Taylor.* — Vue prise à Honfleur, 1825, sur chine
(Engelmann). — Deux Paysages dont les Ruines de
l'abbaye de Jumiéges. 5 pièces.

LAFITTE (Jean-Louis),

Élève de Regnault, né à Paris le 15 nov. 1770, mort le 8 août 1828.

339. Portrait de *lady Morgan, Lafitte*, 1816, assise dans un fauteuil.

340. Buste d'enfant en collerette, vu de face. — Un chien de garde couché.—Un Jupiter. Ces 4 pièces sont au trait.

LAMY (Eugène),

Élève de Gros et d'Horace Vernet, né à Paris le 12 janv. 1800.

341. *Moncey, Colonel du* 3e *hussards,* — *Eugène,* 1818.

342. La consigne, 1820. (C. Motte.) — *Bataille de Lodi de l'armée française.* 4 pièces. — Élève de Saint - Cyr, corps royal d'état-major (Delpech et Villain), extraits de l'*Histoire de costumes.*

343. Croquis par divers artistes, nos 23, 24, 60.

344. Une chasse. — Douvres. —Allons au bois, extraits de l'*Album.*—Chasseurs au chien d'arrêt abrités sous un arbre.—Le Vampire.—Parisina.—Petite fille traversant un torrent sur un tronc d'arbre et autre cul-de-lampe. (Villain.) 11 pièces.

345. Croquis de voitures. 12 pièces sur papier teinté.

LANCRENON (Joseph-Ferdinand),

Élève de Girodet, né à Lodo le 17 mars 1794.

346. *La Surprise.* Le fleuve Scamandre surprend une femme au bain, 1825. (G. Engelmann.) Sur chine.

LANE (Richard).

347. *Saith Satoore, Sadek beg.* — *Captain G. F. Lyon, in his*

Tripoline costume.—*Madame.Bonzi de Begnio*, dans le rôle de Fatma. — *Madame Vestris* en Alsacienne. — *M. Macready*, dans le rôle du roi Henri IV.

348. *The Orphans.* — *The Rivals.* — *An Exile*, et pièces d'après Leslie, Harding, Lawrence, etc. 13 pièces sur chine, ainsi que toutes les précédentes, imprimées de 1824 à 1827, par Hullmandell. [18 pièces.]

DE LA ROCHE (Paul).

349. *Jeanne d'Arc malade interrogée dans sa prison.* (C. Motte.) Attribué.

350. *L'Éclatant*, publié en 1823 (Villain), étude de cheval à l'écurie, d'après *Eug. Lami*.

LASTEYRIE (De).

351. Deux personnages drapés considèrent une fabrique antique, *de Lasteyrie lithog.*—Portrait de femme, d'après Legros.

LAURENT (Jean-Antoine),
Élève de Durand, né au château de Baccarat.

352. Portrait de Laurent par lui-même.

353. M. Peyre, architecte.—*Emmanuel Dupaty.*—M. de la Chabaussière.—M. Chenard.—Le baron Vincent, ambassadeur d'Autriche. — Le duc de Choiseul. — *Portrait et signature du roi Stanislas.* — *Gœthe* et 2 portraits d'homme. Avant la lettre. 11 pièces.

354. Madame Mainvielle Fodor, mademoiselle Chenard, et portrait de femme. Avant la lettre. 3 pièces.

355. *L'Homme au masque de fer, dessiné sur pierre française*, février 1817 (Lasteyrie),—L'histoire de Jehan de Saindré, culs-de-lampe et paysages. — Essai d'après une tête de jeune fille de Greuze, 18 *déc.* 1815. 15 pièces,

LEMOINE (Benoît),

Élève de Neveu, né à Versailles le 13 mai 1802.

356. Portrait de l'artiste, vu de face avec des lunettes, 1819.
La marge gauche est chargée de croquis.

LECOMTE (Hippolyte),

Élève de Regnault et Monzin, né à Puiseaux le 26 déc. 1781.

357. *Mademoiselle Louise Pierson*, dans le rôle d'Ida. — *Mazu-rier*, en polichinelle vampire. (C. Motte.)

357 *bis*. Le Meunier, son fils et l'âne, et autres.—Naufrage de
la frégate la *Méduse*. (Lasteyrie.) 1818. 8 pièces.

LEGROS (Jean-Louis).

358. Portrait de *E. Jouy*, l'académicien.—*J. Guillié.—L'abbé
Grégoire*. 3 pièces.

LEGUAY Émile-Charles),

Élève de Vien et de Doyen, né à Sèvres le 25 avril 1762.

359. L'Amour captif.—Le Nid d'oiseau.—L'Étude, etc. 16 p.
—Étude pour les portraits d'une famille, inachevée.

Le général LEJEUNE.

360. Portrait du général Lejeune, 1817, debout dans leur
jardin avec sa femme à laquelle il désigne au loin un
objet.

LEPRINCE (Anne-Xavier),

Né à Paris le 28 août 1799, mort à Nice le 26 décembre 1826.

361. Portrait de B. Mozin, 1823. — Portrait d'homme assis

dans un fauteuil avec un carton à dessin appuyé près de lui contre un fût de colonne.—*Liszt*, membre correspondant de la Société académique des enfants d'Apollon, 1824.—*Chenard*, dans le rôle de *Félix*.—*Lemonnier et madame Pradher*, dans *le Coq de village*, 1822.—*Guillaume et madame Bras* dans *Rataplan*. 7 pièces.

362. Les Patineurs.—Les Aveugles.—Paysages avec croquis sur les marges. — Vaches dans un pâturage, 1818. Essai à la plume, et autres paysages. 15 pièces.

LETHIÈRE (Guillaume-Guillon),

Né à la Guadeloupe le 10 janvier 1760, élu membre de l'Institut en 1818, mort à Paris le 22 avril 1832.

363. Portrait de Lethière, par J. Boilly; 1822.

364. *Les Furies s'éloignent, Oreste s'endort appuyé sur sa sœur.* Guillon le Thierre *pinxit*, Rome, 1813, lithographié par lui, 1821.

LEVESQUE (Caroline),

365. Sujets d'enfants. 10 pièces. (Senefelder.)

LŒILLOT (Charles),

Élève d'Aubry, né à Stettin (Prusse) le 1er nov. 1797.

366. Le serment des Grecs, etc. (Lith. de Bove.)—Suite de 16 pièces sur l'indépendance de la Grèce.

MARTINET (Pierre),

Élève de Swebach, né à Paris le 10 sept. 1781.

367. Un Grec blessé; la Laitière; Rendez-vous de chasse. Henri IV, prince de Béarn, avec la jeune Fleurette. [4 pièces.]

MAURIN (Nicolas),

Élève de Regnault, né à Perpignan le 6 mars 1799.

368. Deux portraits du duc de Reichstadt debout, en costume de ville, et en colonel de hussards. Avant la lettre.

369. *S. E. Castaing. — A. Ballet. — Le comte d'Amaranthe. — M. l'abbé Martial Marcet de la Roche-Arnaud. — Boyer*, président de la république d'Haïti. — *Le comte de Villèle. — Le général Foy. — Béclard, d'Angers.* 10 pièces.

370. Portrait du roi, alors Monsieur, sous le déguisement à la faveur duquel il échappe à la vigilance de ses geôliers, le 21 juin 1791.

371. La Sœur de charité. — Georges. — Vignettes. 6 pièces.

MAUZAISSE (Jean-Baptiste),

Élève de Vincent, né à Corbeil le 1ᵉʳ nov. 1784.

372. M. Denon et Mauzaisse dessinant le portrait d'une vieille femme et son enfant. M. et DN. 1823.

373. Portraits de la duchesse de Berry, d'après Kisnon, — de Mademoiselle et du duc de Bordeaux.

374. Portrait de Charles X, d'après Laguiche, d'après Charles Duchesne, 1824, avec ces vers :

> L'homme fut son guide fidèle,
> Prince aimable, vrai chevalier,
> Heureuse France, il te rappelle
> Henri quatre et François premier !

375. Napoléon, d'après David. — Napoléon sur son lit de mort. — Le prince Eugène.

376. Le duc d'Angoulême. — Le duc d'Orléans. — Law de Lauriston, 1825. — Le baron de La Rochette, 1822, 2 portraits. — De La Rochefaucauld-Liancourt. — Bourlier, évêque d'Évreux. 9 pièces.

377. Le baron Denon.—Gros.— Ternaux.— Parizot.— Delalande.

378. Gavaudan.— Talma.—Mademoiselle Georges.— Perlet. Ces trois derniers extraits de *l'Album.*

379. Élisabeth, — Louis XIII, — et portraits de dames, de peintres anciens.

380. *L'Arrivée en France*, et bataille ; extraits de l'*Histoire de Napoléon*, par Arnaut.

381. Une Sœur de charité priant près du cadavre de Ney posé sur une civière.

382. *Amour jouant au diable*, 1821.—Lutteurs suisses. — *Maleck Adel.*—La Mort de Clorinde.

3 83. La Colombe et la Fourmi, etc. 4 pièces pour les Fables de La Fontaine. (Lith. Villain.) [59 pièces.]

MICHALLON (Achille-Etna),

Élève de David et de Bertin, né à Paris le 22 oct. 1796, mort le 24 sept. 1821.

Michallon est le premier lauréat qui soit allé à Rome comme prix de paysage historique.

384. Portrait de Michallon, profil, signé *F. Michallon, Léon Coignet, Rome*, 1818, *J. Coiny, aqua fort.*, 1822.

385. Suite de 9 paysages, dessinés en 1817, dans l'imprimerie de M. de Lasteyrie.—Presbytère de la Sainte-Beaume, dessiné sur pierre en avril 1822. (C. Motte.)— Autre paysage, 1822. [12 pièces.]

MIDY (Adolphé),

Élève de Regnault et de Bertin, né à Rouen le 28 nov. 1797.

386. Portrait d'homme tenant une brochure à la main. — Jeune paysanne marchant vers un puits. (G. Engelmann. [2 pièces.]

MONGIN (Antoine-Pierre),

Élève de Doyen, né à Paris le 6 fév. 1763, mort à Versailles le 19 mai 1827.

C'est à lui que Engelmann avait confié le soin de dessiner les paysages qu'il soumit, en 1816, au jugement de l'Institut.

387. Portrait de M. Mongin, par *A. F. Dubois*, 1816.

388. La duchesse de Berry aux montagnes d'Auvergne, 1822. (Engelmann.)

389. Dragon fumant couché au pied d'un arbre, lith. à la plume (Engelmann).—*Saint Benoît d'Aniane.*—*Fin d'une tourmente*, vues prises dans le château de Grandvau. 13 pièces.

MONNIER (Henri),

Élève de Gros et de Girodet, né à Paris le 8 juin 1798.

390. *Eh bien! marquis? Nous y sommes, baron!* (C. Motte.) Signé *La Scie.* — Osez les appeler, je les confondrais tous (C. Motte.) Signé *La Joie,*—et autres. 4 pièces.

391. Portraits de *Bernard Léon,* — de *Petiot,* — Fontenay, — Dormeuil,—Campenan,—madame Tousez,—Dejazet, —Gontier. 11 p.

392. *Le Passe-temps.* Suite de 6 pièces. (Delpech.)

393. *Les Contrastes.* Suite de 6 pièces. (Feillet.)

394. *Récréations.*—*Proverbes.*—*Les Marionnettes.* Essais lithographiques, 47 pièces, la plupart avec l'adresse de Feillet et de Motte.

MONTFORT (Antoine-Alphonse),

Élève de Gros et d'Horace Vernet, né à Paris le 3 avril 1802.

395. Prise de Munich, extrait de l'*Histoire de Napoléon,* par Arnault.

396. *Allons au bois.—Route de Saint-Pierre*; extr. de *l'Album.—
La Rencontre*, 1819.—Croquis militaires et Scènes russes.
15 pièces.

MONTI (de Florence).

397. Vénus sortant de l'onde. — Portraits de Raphael. —
Michel-Ange, etc. 5 pièces.

MONTVOISIN (Pierre-Simon-Joseph),

Élève de Lacour père, né à Bordeaux le 10 juin 1787.

398. *Fieschi.—Morey.—Pepin.—Boizeau.* (Villain.)

399. Tête d'étude vieillard.—Scènes italiennes. 5 pièces.

MURET (Jean-Baptiste),

Élève de Pernot, né à Versailles le 19 mars 1794.

400. *Gabriel Cortois de Pressigny, archevêque de Besançon, pair
de France. Ingres* pinx. *Muret* fecit. (Constant.)

401. M. Norvins assis tenant un chien sur ses genoux. *Dessiné à Rome par Ingres*, 1811, *lith. par Muret.*

NANTEUIL-LEBŒUF (Charles),

Sculpteur, élève de Cartelier, né à Paris le 9 août 1792.

402. *Eurydice blessée*, d'après la statue qui est dans le jardin
du Palais-Royal. (C. Motte.) Sur chine. [1 pièce.]

NASH (F.).

403. Moulin sur les bords de la Tamise.—Vues de Londres.
3 pièces sur chine.

PERNOT (François-Alexandre),

Élève de Bertin, né à Vassy le 10 fév. 1793.

404. *Ruines du couvent Farmoutier*, 1817, de la Seille, de Mori-
mont, de Château-Villain.—Paysages divers. 2 pièces.
—*Le cimetière de la Madeleine, en* 1814. — Tombeau de
Florian.—Fontaine du roi Stanislas, à Plombières.—
Monument à la mémoire de madame de Broc. [16 p.]

PIC (Léopold-André de),

Élève de Bertin et de Michallon, né en Pologne le 22 nov. 1789.

405. Vues prises dans les environs de Nice. Lith. d'après les
dessins de M. le marquis de Louvois et autres paysages italiens. (C. Motte.) [16 pièces.]

PICOT (François-Édouard),

Élève de Vincent, né à Paris le 17 oct. 1786.

406. Daphnis et Chloé assis dans la grotte des bergers. — La
Force asservie par l'Amour. — Une scène du massacre
des Innocents, d'après Coignet. (C. Motte.) [3 pièces.]

PIGAL (Édme-Jean),

Né à Paris le 2 fév. 1794, mort en 1859.

407. *Et moi, je fume.—Tenons-nous bien !—En toutes choses, il
faut considérer la fin* (C. Motte), et autres. [12 pièces.]

PINGRET (Édouard),

Élève de Regnault, né à Saint-Quentin en 1787.

408. Vue du château de La Vallière, extraite de *l'Album*, et
cinq paysages suisses. [6 pièces.]

PRADIER (Jean-Jacques),

Sculpteur, élève de Lemot, né à Genève en 1791, mort en 1852.

409. *Madame Clémence... J..., élève du Conservatoire. J. Padier.*
(Lith. de Langlumé.)

PROUT (Samuel).

410. Hauling the net, publié par R. Ackermann. Londres,
1825. (C. Hullmandell.)

411. Lillebonne, Normandy. — L'Église de Saint-Laurent,
Rouen. — Le Pont de l'Arche, Near Rouen. 4 pièces
en haut.—Jumielles. — Part of the cathedral, Rouen.
—Place de la Pucelle, Rouen, publié par Rodwell et
Martin à Londres, 1821. Imp. par Hullmandell.

412. Part of the church at Arque. — L'abbaye de Jumièges.
Publié par R. Ackermann. Londres, 1823. (Hullman-)
dell.)

413. *Palais de justice*, Rouen.—*Saint-Maclou*, Rouen. (Villain.)

414. *Ruines de l'abbaye de Beaune.* — *Château de Montbelliard*,
n° 95 et 133 du *Voyage en Franche - Comté.* (Hulmandell.)

PRUD'HON (Pierre-Paul),

Né à Cluny le 6 avril 1760, élève de Devosge, mort à Paris le 16 fév. 1823.

415. Portrait de Prud'hon, par Voiart, qui se trouve en tête
de quelques exemplaires de sa Notice sur ce maître.
416. UNE FAMILLE MALHEUREUSE. On lit dans le journal *l'Album*,
10 mars 1822 : « M. Prud'hon nous a donné pour
l'Album le dessin de ce tableau qui a été acheté les uns
disent 6,000 fr., les autres 10,000 fr., par un honorable amateur. C'est, jusqu'à ce jour, la seule lithogra-

phie que cet académicien ait faite. Il y a dans ce travail un charme indéfinissable; et nous devons déclarer ici qu'au moment où nous avons porté la pierre chez M. Engelmann, de vrais amateurs qui se trouvaient là en ont de suite retenu des épreuves. » 1er état avant les retouches qui l'ont défigurée. Notre épreuve n'a point de marge.

417. *Une lecture.* Prud'hon *inv. et del.* (Lith. de C. Motte.) Épreuve sur chine.

418. Six pièces d'après Prud'hon, par Grevedon et autres.

REDOUTÉ (Pierre-Joseph),

Né en Belgique en 1759, mort à Paris en 1840.

419. *Pensées.*—Bouquet de roses. (G. Engelmann.)—Une antilope. (Senefelder.) [3 pièces.]

REGNAULT (Jean-Baptiste),

Né à Paris en 1774, élève de Bardin, mort à Paris en 1829.

Regnault fut membre de la commission nommée, en 1816, par l'Institut pour examiner les essais lithographiques soumis par Engelmann.

420. Portrait de Regnault, par J. Boilly, 1820.

421. Tête de Phryné, dans le tableau d'*Alcibiade,* signée Regnault *fecit.* (Engelmann.)— Autre tête d'étude.

RÉMOND (Jean-Charles-Forestin),

Élève de Regnault et de Bertin, né à Paris le 19 avril 1795.

422. Église de Royat, Ch. Rémond, 1819. (Imp. Rémond.)— Vue de Castellamare, 1828. (Delpech.) — Vue prise à Amalfi.—Les Artistes en campagne.—Le Sermon, etc. [6 pièces.]

RENOUX (Charles);

Né à Paris le 2 avril 1793.

423. Château d'Écouen, de La Rochefoucauld, etc. [15 pièces.]

RITTNER.

424. Portrait de jeune homme.

ROBERT (Jean-François),

Élève de Demarne, né à Chantilly le 2 juin 1778.

425. Son portrait, par lui-même.

426. Douze essais lithographiques avec notes marginales.—
Vue de la manufacture de Sèvres, et autres paysages
des environs de Paris et d'Italie. 42 pièces. (Engelmann et Constant.)

RŒHN fils (Jean-Alphonse),

Élève de Regnault et de Gros, né à Paris le 31 janv. 1799.

427. L'arracheur de dents.—Fondeur de cuillers d'étain.—
Concert d'amateurs, 1829. (C. Motte.)—Le fou par
amour. [13 pièces.]

ROMAGNÉSI (Narcisse-Pierre),

Élève de son frère le sculpteur, né à Orléans le 9 oct. 1796.

428. *Louis Duchesnes*, curé de Montigny. 2 pièces. — Four à
chaux de Bougival, etc. 5 pièces. [7 pièces.]

ROMILLY (Amélie de), née de Génisse.

429. Portrait de M. Alexis de Noailles,—de Engelmann,—
d'Horace Vernet, 1823,—de mademoiselle Duchesnois,

(2 pièces), — de Talma, — de madame Pasta, — de
Perlet, — de M. de Lasteyrie, etc. [11 pièces.]

ROQUEPLAN (Camille-Jacques-Étienne),

Élève de Gros, né à Maumort (Bouches-du-Rhône) le 18 fév. 1802,
mort en 1855.

430. Album de 12 dessins composés et dessinés sur pierre
par C. Roqueplan , 1830. Chez Motte , à Paris et à
Londres. — Couverture. Une petite fille qui feuillette
un album. — *Le chasseur breton. — Courses. — L'école
— Le rendez-vous. — Les chartreux. — Sauvetage. — La
mare—Les moines.— Le départ.—La chapelle bretonne.—
Le parc.—La lecture,* Toute cette suite est numérotée de
1 à 12; elle porte en haut la lettre A et le n° ... ; au bas
C. Roqueplan del. (lith. de *C. Motte*), et les adresses de
Motte à Paris et à Londres.

431. *La Procession.* C. Roqueplan *pinx. et lith.* (A. Gaugain.)
— *La mort de l'espion Morris,* pour un salon de M. Jal.
— *Les Pommés. — La Récompense.* (H. Gaugain.) Ces
épreuves, ainsi que toutes les précédentes, sont sur
chine.

ROUGET (Georges),

Élève de David, né à Paris en 1781.

432. *François Ier refusant le serment des Gantois.* (G. Engelmann.)—*Henri IV devant Paris.* (C. Motte.) [2 pièces.]

RUGENDAS (d'Augsbourg).

433. Essais lithographiques à la plume. — Costumes de pay-
sans suisses. — Rencontre d'Indiens. [5 pièces.]

RULLMANN.

434. *Aux dames de Bordeaux*, portrait du duc de Bordeaux
enfant. — *Leclerc, doyen des Invalides, âgé de* 103 *ans*, et
autres. 7 pièces.

435 Portrait de madame Manson et de Messonier. — « La sen-
tence de mort prononcée aux assassins de M. Fualdès
le 16 mai. » (Chez Martinet.)

436. Une page intitulée *Souvenir de Paris, mai* 1822, et contenant les portraits : 1º Hegui, graveur à Zurich ;
2º Henri Luttringshausen, peintre de Bade ; 3º Bei-
mann jeune, de Bade ; 4º Moritz, peintre de Neufchâtel ;
5º Birmann, peintre de Bade ; 6º Himely, peintre et
graveur d'aqua-tinta, de la Neuveville ; 7º Osterwald ;
8º Marie de Meuron, peintre de Neufchâtel ; 9º Gabriel Lory, peintre de Neufchâtel ; 10º Engelmann
11º Furstenberg ; 12º Vogel, peintre de Zurich ;
13º Volmar, peintre de Berne. — Nous avons transcrit
ces noms sur une note autographe de Rullmann.

SAINT-ÈVRE (Pierre-Édouard-Marie),

Élève de Pierre Guérin, né à Boult-sur-Suippe le 15 fév. 1791,
mort en 1858.

437. Louis XI. *Scène* d'Ivanhoé. — *G. Saint-Evre*, 1828. Avec
des croquis sur la marge inférieure.

SAINT (Ph.).

438. Caricatures sur l'atelier de David (voir dans la *Gazette
des Beaux-Arts*, le travail publié par M. Th. Arnaul-
det, sur les estampes satiriques. 2 croquis de chiens.
[11 pièces.]

SCHAAL (Auguste),

Élève de Charlet.

439. Etudes d'après nature, 1824. (Madame Formentin.)
[2 pièces.]

SCHEFFER (Ary),

Élève de Pierre Guérin, né à Dordrecht le 10 fév. 1794.

440. *Le Vengeur*. A. Scheffer. (*C. de Lasteyrie*.) « Le 13 prairial
an II (1er juin 1794), le combat le plus terrible eut
lieu entre l'armée navale de la république française
et celle des Anglais. *Le Vengeur,* cerné de tous côtés,
se défendit jusqu'au moment où l'équipage se sentit
couler ; alors il arbora ses pavillons, et s'engloutit
aux cris mille fois répétés : Vive la république! vive
la liberté ! »

441. *Le Départ. — Le Retour. Scheffer del.* (Lith. de Villain.)—
Des jeunes filles jettent des fleurs sur le corps d'une de
leurs compagnes étendue au pied d'un arbre. — Sur
chine.

442. *Les Souvenirs d'un soldat. — Morton. — Le jeune malade.
— Allons!...— La déclaration. — La convalescence d'une
mère.— Le Vieux Pâtre.* (G. Engelmann.) Cette suite est
avant le nom d'Ary Scheffer, et les numéros.

SCHMIDT (Jean-Philippe),

443. Décors de théâtre , vues d'Italie et de France, scènes
extraites de l'*Album*, etc. [34 pièces.]

SENEFELDER (Aloys),

Inventeur de la lithographie,
Né en 1796, mort à Munich le 25 fév. 1834.

444. Portrait d'Aloys Senefelder, lithographié par lui-même.

SIEURAC (François-Joseph-Juste),

Élève d'Augustin le miniaturiste, né à Cadix le 20 mai 1781.

445. Portrait d'un prêtre.—La Surprise. Portrait de M. Davet,
sur chine, avant lettre. — de M. L. P.-P. de Chalan-
dray. (C. Motte.) [4 pièces.]

SINGRY (Jean-Baptiste),

Élève d'Isabey, né à Nancy le 1er mars 1782,
mort à Paris le 1er août 1824.

446. Mademoiselle Adélaïde. — Le général Thiard, d'après
Hesse.—Quatre profils d'homme, au trait, sur la même
feuille, parmi lesquels celui de Singry. — Chauvelin,
député.— Talma.— Mademoiselle Mantes, rôle de Cé-
limène, — Baillot. — Entrée de l'hôtel de Thélusson.
[11 pièces.]

STEUBEN (Charles-Guillaume-Louis),

Élève de Prud'hon et de Gérard, né à Pétersbourg le 18 avril 1788.

447. *Etudes d'après nature.* Le chapeau de l'Empereur vu
sous huit faces différentes. (Lith. Demanne.)

SWEBACH (Jacques-François) dit DESFONTAINES,

Élève de Duplessis, né à Metz le 17 mars 1769,
mort à Paris le 10 déc. 1823.

448. Souvenirs de Russie, scènes de chasse et de genre extraites de *l'Album.* [47 pièces.]

Le baron TAYLOR (Justin),

Élève de Guérin et d'Alaux, né à Bruxelles le 25 août 1789.

449. Intérieur de l'une des tours du château d'Arlay, etc.,
n°s 86, 113, 114 et 180, des *Voyages romantiques.*
[5 pièces.]

THIENON (Claude),

Né à Paris le 27 déc. 1772.

450. Vues de Gaza, de Bethléem et de Lorette. (G. Engelmann.) 3 pièces.

451. Vue prise de la ville d'Este et diverses vues d'Italie.
[16 pièces.]

452. Ruines d'une commanderie de l'ordre de Malte à Clisson,
et autres vues de France. (4 pièces.) (Lasteyrie, ainsi
que les précédentes.)

THOMAS (Antoine-Jean-Baptiste),

Élève de Vincent, né à Paris le 31 oct. 1791, remporta le prix de Rome
en 1816, mort le 16 janvier 1834.

453. Entrée de Charles X à Paris.

454. Charge contre une cantatrice. Elle pince de la guitare
assise près d'un chien qui hurle et d'un chat qui miaule.
Les mains et la tête, dessinées à part, avec deux expres-
sions différentes, peuvent se découper et se rapporter.
— Théâtre de la Porte - Saint - Martin, *le Monstre.* —
Théâtre des Variétés, *les Alsaciennes.* 3 pièces,

455. Un an à Rome. 6 pièces.

456. Six pièces extraites de *l'Album*, etc. Voir aux
Livres à Figures l'ouvrage complet. 9 pièces. (Delpech.)

TRUCHOT.

457. Ruines du château d'Harcourt, pl. 29 du *Voyage romantique en Normandie*, et autres (G. Engelmann.) [3 pièces.]

VAFFLARD (Pierre-Auguste-Antoine),

Élève de Regnault, né à Paris le 19 déc. 1777.

458. « Galerie des militaires français qui, à différentes époques, se sont distingués par leur courage. Cette suite dessinée par plusieurs des premiers artistes de la capitale, recueillie et imprimée par G. Engelmann, directeur de la Société lithographique de Mulhouse. » Titre—Nouvelle fantaisie pour le piano sur l'air *Fleuve du Tage*. Titre.—Le gendarme sentimental. [3 pièces.]

VALDAHON (Jules-César marquis de),

Né à Dôle le 14 janv. 1772.

459. Tentation de saint Antoine, d'après un tableau exposé au Salon de 1822. [1 pièce.]

VAN OS (Georges-Jean-Jacques),

Élève de son père, né à La Haye le 20 nov. 1782.

460. Un bouquet de fleurs dans un vase.— Fruits sur une table. (C. Constant à Sèvres.) [2 pièces.]

VAUZELLE (Jean-Lubin),

Elève de Robert et de Périn, né à Angerville le 16 fév. 1776.

461. Paysages et intérieurs, extraits d'un *Voyage en Orient* et des *Voyages romantiques*, de Taylor. 26 pièces.

VERNET (Horace-Jean-Émile),

Élève de son père, né à Paris le 30 juin 1789,

NOTICES SUR M. HORACE VERNET.

462. *Horace Vernet.* Notice de 4 pages tirée de la *Galerie de la presse, de la littérature et des beaux-arts*, publiée par Aubert, signée *A. D.* in-8.

463. HORACE VERNET. *Histoire des artistes vivants, par Théophile Sylvestre.* Paris, Blanchard, 1857. Grand in-8°, 52 pages.

464. *Catalogue de l'œuvre lithographique de M. J.-E.-Horace Vernet.* Juillet 1826. Paris, imprimé chez Gratiot, avec supplément manuscrit. C'est l'ouvrage de M. Bruzard.—2 exemplaires dont l'un est interfolié.

465. Catalogue manuscrit de l'œuvre lithographique d'Horace Vernet, rédigé par M. le colonel de La Combe, contenant la description succincte des 872 pièces de l'œuvre, avec les dimensions, et la concordance avec le catalogue de M. Bruzard.

Nous nous sommes conformés ici à l'ordre établi dans les cartons de M. Parguez par M. de La Combe.

PORTRAITS DE M. HORACE VERNET.

466. H. VERNET, par *Jul. Boilly,* 1822 (Delpech); en buste, tête nue, de trois quarts tourné vers la gauche, cravate blanche, croix de la Légion d'honneur à la boutonnière de sa redingote.

467. H. VERNET, par *A. M. R.,* 1823 (mademoiselle Amélie Munier Romilly), assis, les bras croisés, vu jusqu'à mi-jambes, la tête inclinée en arrière, de trois quarts vers la gauche. (Lith. Delpech.)

468. H. VERNET, par *Julien* (lith. Ducarmé), en buste, la tête de trois quarts tournée vers la droite. C'est une copie légèrement modifiée du précédent.

469. HOMMAGE A MADAME H. VERNET, par *C. L. P.*, 1827 (Crépy
  Le Prince), en uniforme de hussard, aide de camp du
  duc de Reggio, alors commandant en chef de la garde
  nationale ; en buste, la tête tournée de profil vers la
  droite. (C. Motte.)

470. ... *par Tidier de la Douce.* H. Vernet, en veste de travail, les reins serrés par une écharpe, les bras croisés,
  le corps de profil, la tête de trois quarts à gauche, regardant le spectateur. (G. Engelmann.)

471. Charge d'H. Vernet, lithographiée par *Ramelet*, d'après
  la statuette de *Dantan*. Il est debout, la main dans la
  poche de sa robe de chambre.

472. Charge d'H. Vernet, par *Benjamin*, extraite du *Charivari*. Vernet à cheval, bardé de croix, une trompe en
  bandoulière, esquisse...—Au passage des toiles posées
  sur des chevalets, on lit au bas :

> Horace Vernet peint tous ses tableaux d'histoire
> Au grand galop... Eh bien! qu'importe à son talent,
> Si le succès pour lui n'en souffre nullement?
> Cela fait qu'à son but, la fortune et la gloire,
>   Il arrive plus lestement.

  Dans cette charge, ainsi que dans celle et les cinq
  portraits qui précèdent, M. H. Vernet est représenté
  rasé, et portant seulement des favoris.

473. ..., *Par Jentzen, d'après Krüger*, *à Berlin.* La tête
  de trois quarts vers la gauche, en habit de ville, la
  rosette d'officier à la boutonnière, un ordre étranger
  passé au cou.

474. HORACE VERNET, *par E. L.* 1839 (Emile Lassalle). Chez Aubert, extrait de la *Galerie de la presse*, copie réduite et
  dans le même sens du précédent.

475. HORACE VERNET, *par M. Alophe d'après Ary Scheffer.* Chez
  Goupil et Vibert, avec fac-simile de sa signature. Il

est assis; en veste ronde, les bras croisés, de trois quart vers la droite.

476. HORACE VERNET, par *L. Belliard*, d'après un dessin de Paul de la Roche, avec fac-simile de sa signature. Vu à mi-corps de trois quarts vers la gauche. (Lith. Delpech.)

477. HORACE VERNET, par *E. Desmaisons, d'après Timm.* Il est de profil, assis sur une chaise devant son chevalet, peignant un portrait d'enfant. (Lithographié à deux teintes, imprimé par Lemercier.)

478. HORACE VERNET, eau-forte par *Masson*, extrait de la notice de M. Th Sylvestre. Dans ce portrait, ainsi que dans les sept précédents. Horace Vernet porte de longues moustaches.

478 *bis.* HORACE VERNET. *L. Massard del. et sculp.* Debout, jusqu'à mi-jambes; les bras croisés, la tête de trois quarts vers la gauche.

SUJETS DIVERS.

479. Lancier de l'ex-garde impériale en vedette. *Horace Vernet*, 1816. (Engelmann.)

480. Grenadier de la garde, le bras en écharpe. *Horace Vernet*, 1817. — Autre épreuve, avec ces mots *en 10 minutes.*

481. Napoléon debout sur un cap de l'île d'Elbe. *Horace Vernet*, 1817.—Autre épreuve avec cette signature effacée.

482. Grenadier assis sur les débris, caisson au milieu d'un champ de bataille, croquis. *H. Vernet.*— Autre épreuve avec ces mots *lithographié par Engelman.*

483 et 484. *La pièce en batterie. —La pièce en action.*

485. *Blessés français, attaqués par des Cosaques.* — Autre épreuve avant ce titre. — Les trois pièces des numéros précédents portent *H. Lecomte et H. Vernet fecerunt,* 1817, et l'adresse de Engelmann.

486. *A la grâce de Dieu*, deux épreuves dont l'une avant l'adresse de *l'imprimerie lithographique* du comte de Lasteyrie.

487. *Mathilde et Malek-Adel.*

488. *Les Adieux.*

489. *La Cuisine militaire. H. Vernet*, 1817. (Lasteyrie.) Une autre épreuve sur papier teinté.

490. *La Cuisine au bivouac.* (Delpech.)

491 à 493. *Soldats jouant à la drogue. — Les Suites du jeu de la drogue. — La Réconciliation. Horace Vernet*, 1818. (Lasteyrie.)

494. Tombeau du général Moncey, 1818. — Autre épreuve sur papier teinté.

495. *Mort de Tancrède*, 1818. —Autre avant le titre.

496. Passage d'une rivière, deux épreuves, l'une teintée.

497. *Scène d'Auvergne en* 1815, deux épreuves, la seconde avec l'adresse d'Engelmann à gauche.

498 et 499. *Bivouac français*, 1818. — *Prise d'une redoute par les grenadiers français.*

500 et 501. *A stage-coach.* Avant le titre. — *Malle-poste*, 1818. (Delpech.)— Autres épreuves de chacune de ces deux pièces avant le titre.

502. Un commissionnaire portant sur ses crochets une pierre lithographique sur laquelle on lit: *Croquis lithographiques par H. Vernet*, 1818. — Premier état, avec la pierre blanche, et avant l'adresse de Delpech.

503 à 507. Don Quichotte. — Paysanne filant en gardant ses vaches.—Officier d'artillerie parlant à un soldat dé-

monté. — Embuscade d'infanterie contre les cosaques. — Trois hommes dans une barque. — Toutes pièces sont en largeur et portent au bas : *H. Vernet*, 1818. Les trois dernières ont leurs doubles sur papier teinté.

508 à 511. Deux soldats ivres s'embrassant.—Invalide faisant sauter un enfant.—Grenadier sentinelle dans la neige. — Procession rentrant au couvent.—Ces quatre pièces sont en hauteur, et portent au bas : *H. Vernet*, 1818. Elles ont leurs doubles sur papier teinté.

512 et 512 *bis*. Turc avec sa maîtresse, surpris par des assassins. Premier état, avant la pierre brisée à gauche.

513 à 517. Ses premiers pas annoncent ce qu'il doit être un jour.—Départ du jeune Grivet pour l'armée.—Équipement militaire du jeune Grivet. — Premier fait d'armes du jeune Grivet.— Amusements de Jacques Grivet pendant la paix. — Suite avant la lettre et suite sur papier teinté. Nous pouvons affirmer que les retouches à la gouache sont de la main même de M. Horace Vernet.

518. *Route de Naples.* — Id. sur papier teinté.

519. Famille de hussard au bivouac.

519 *bis. Conrad sauve Gulnare de l'incendie* (le Corsaire par lord Byron.) — Premier état avant la lettre, *H. Vernet*, 1819.

520 et 521. Tirailleurs derrière un mur. — L'apprenti cavalier, 1819. — Premier état avant la lettre. — Ces deux pièces avec doubles sur papier teinté.

522 à 530. *Imprimerie lithographique de Delpech.* Soldat blessé à cheval, conduit par un paysan. — Id. avant le titre. —Id. sur papier teinté.—Jeune soldat jouant du flageolet.—Turc assis près de sa maîtresse.—Une plage.

— Combat d'infanterie. — Moine debout en méditation. — Religieuse dans un *in pace*. — Deux chevaux
de ferme dans un hangar. — Cheval de cosaque brou-
tant un sapin. — Toutes ces pièces sont accompagnées
de leurs doubles sur papier teinté.

531. Lazzarone debout, assis sur un parapet. La pierre s'est
cassée et n'a tiré que quelques épreuves.

531 *bis*. Lazzarone debout appuyé sur un long bâton.

532 à 536. Manfred et le chasseur, *H. Vernet*, 1820. (Lord By-
ron.)—Artilleur allumant une mine.—Escorte russe.—
Soldat, je le pleure.—Débarquement de marins armés.
—Toutes ces pièces ont leurs doubles sur papier tinté.
— Premier état avant les titres.

537. *La sœur de charité.* (G. Engelmann.)

538, *Le général Maurice Gérard, à Kowno*, 1813. *Dédié aux
électeurs du département de la Seine.* (Delpech.)—Premier
état sur Chine avant ce titre. — Sur papier teinté.

539. Les Osages (G. Engelmann), sur chine.

540 et 541. Scène historique aux environs de Barcelone, sur
papier teinté. — Croquis inachevé pour cette pièce.

542 à 550. Chasseur à cheval chargeant. — Les Fourrageurs.
— Petits! petits! petits ! — Tiens ferme !—Leicester et
Amy Robsart. —Naufrage de don Juan. — Chevaux de
poste anglais. —Marchand d'esclaves. — Marchand de
poisson hollandais. (Delpech.) Toutes ces pièces, en
largeur, sur papier teinté, sont accompagnées du premier état avant le titre.

551 à 557. Chien de métier !—Coquin de temps !—Gredin de
sort!—J'te vas descendre !—Qui dort dîne.—Écossais
combattant.—Le serment. (Delpech.) Toutes ces pièces,

sur papier teinté, sont accompagnées du premier état, avant le titre.

558 à 561. *La fiancée d'Abydos.* — *Mon caporal, j'n'ai pu avoir que ça!*— *Mon lieutenant, c'est un conscrit.*—*C' n'est pas un lapin, non, c'est le chat!*—Cette dernière pièce est avant le titre.

562. Soldats français instruisant des Grecs. (Delpech.) Premier état avant le titre.

563. *Les forçats.* — Premier état avant le titre.

564. *Le rendez-vous.*

565. Vue du lac Majeur, *H. Vernet pour sa nièce*, 1828. (Lith. Mendouze.)

566. Courrier à cheval, *Paris, H. Vernet*, 1831. (Lemercier.)

567. *Garde-bœuf, guarda bovi. Paris, H. Vernet,* 1811. (Delpech.)—Premier état avant ce titre, l'adresse et le trait carré.

568. *Sepolcro di Rafaello di Urbino scoaperto il 14 settembre* 1833, *al Panteon.* (Litografia delle belle arti di G. Ceccarini, Roma.) Signée dans la pièce : *H. Vernet, Rome,* 1834, chine. — Autre épreuve sur papier blanc, déchirée, mais avec la signature autographe de M. H. Vernet au crayon.

SUJETS DE CHASSE.

569 et 570. Paysan parlant à un chasseur. — Chien en arrêt. *H. Vernet,* 1818. — Id. sur papier teinté.

571 et 572. Tête de chien braque.—Premier état extrêmement rare, avec les doubles initiales d'H. V. à dr. et à g.

572 *bis.* Chasseur africain, *H. Vernet,* 1818.

573 et 574. Repos de chasseurs.—Chasseur appuyé contre un
mur. — Sur papier teinté, sur papier blanc.

575. Garde-chasse rentrant un chien au chenil. Cette pierre
restée inachevée, et biffée par l'artiste, n'a tiré que
peu d'épreuves.

576. Garde au bois avec un chien courant, tenant une branche
d'arbre. Croquis inachevé.

577 à 586. Garde furetant à blanc.—Le braconnier.—Battue
au bois. — Battue en plaine. — Allons, bonne chance!
— Après, après! là, mes beaux!— Ça rapproche. —
Hallali! hallali!— Départ pour la chasse au marais.—
Chasse au marais.—Toutes ces pièces, en largeur, sur
papier tinté, sont accompagnées de leur premier état
avant le titre.

587 à 589. Lever du valet de limier. — *Rapport du valet de limier.—Hallali du cerf.* Sur papier teinté et sur blanc.

ILLUSTRATIONS POUR DIVERS OUVRAGES.

590 à 610. Suite de vingt pièces pour les fables et les contes de
La Fontaine.—*Les Voleurs et l'Ane; l'Homme entre deux
âges et ses deux maîtresses; le Maître d'école et l'Enfant; le
Lion et le Moucheron; l'Astrologue qui se laisse tomber
dans un puits; la Chatte métamorphosée en femme; les
Membres et l'Estomac; la Vieille et les deux Servantes; la
Fortune et le jeune Enfant; le Villageois et le Serpent;
l'Oiseleur, l'Autour et l'Alouette,* et premier état de cette
pièce avant le titre et l'adresse d'Engelmann. — *La
Jeune Veuve; la Fille; la Laitière et le pot au lait; le Savetier et le Financier; les Femmes et le Secret; l'Ours et l'A-
mateur des jardins; les Deux Pigeons; l'Écolier, le Pé-
dant et le maître d'un jardin; l'Huître et les Plaideurs;
Nicaise.* (G. Engelmann et la dernière chez Langlumé.)

611 à 628. Suite de 18 sujets pour la *Henriade.* — *Je hais, je veux punir…; Il quitte avec regret…* — Autre état très-rare de cette pièce, imprimé chez Langlumé avec la signature à droite. — *Reine, l'excès des maux…; Et bientôt dans le flanc… ; J'ordonnais, mais en vain…; Votre sort, ai-je dit…; Il se présente aux Seize… ; Le monstre, au même instant…; Armé d'un fer sanglant…; Ce panache éclatant… ; Et couvrit en pleurant…* — Autre épreuve avec l'adresse de madame Formentin. — *Elle tient dans ses bras…; Sur ce fier ennemi… ; Le roi marche incertain… ; D'Estrée à son amant…; Enfin d'un coup mortel…; Cependant des soldats…; Quel est de ces mourants…* Toutes ces épreuves, sur chine, sont accompagnées de leur premier état, c'est-à-dire avant les vers.

629 et 630. *Éclaireur du premier rang.—Éclaireur du deuxième rang.* Deux pièces extraites d'une brochure publiée en 1817, par M. de Bourge : « Quelques idées sur les troupes *à cheval en France…*

631. *Manejo del sable… Anno de* 1819. *Por J. V. M. de P.* 1819. (G. Engelmann.) Titre de l'ouvrage espagnol. Sur papier de couleur et sur blanc.

632. W. PITT. *H. Vernet.*—Premier état avant le titre.

633. Tombeau de *Ch. Fox. H. Vernet.* (Engelmann.)

634 à 641. Sept Culs-de-lampe, extraits des *Voyages pittoresques de l'ancienne France.* Combat de deux chevaliers; Falaise de Fécamp; la Croix des matelots; Naufragés sur une plage d'Écosse; Combat à Arques; Porte de ville d'Aumale ; Jeune femme étranglée avec ses cheveux; Martyre de saint Valérien.

641 *bis.* Croquis extrêmement peu avancé pour cette dernière pièce.

642 et 643. *Entrée du port du Havre.—Grande église de l'abbaye*

de Jumièges; Grandes pièces extraites de l'ouvrage du
baron Taylor.

644 et 645. *Voyage en Afrique*; *Six des naufragés…*; *Camp de
Sidi-Hamet*. (C. Motte.) — Premier état avant toute inscription.

646. *Voyage en Arménie et en Perse* ; *Combat d'un Kurde et d'un
Persan.*

647 et 648. *Cours de Zoonomie…*; billet d'entrée pour le
cours professé par M. Héreau ; papier teinté et blanc.
—*Tableau du squelette de l'homme.*

649 à 651. *Intérieur d'un jardin à Constantinople*; Paysage par
Bourgeois, 1818, fig. par H. Vernet.—*Ismaël et Mariam.
Massacres des Mameluicks rebelles dans le château du Caire*,
épreuve avant les retouches de Weber et l'explica-
tion qui suit le titre. Cette pièce, ainsi que les deux
précédentes, est tirée d'un *Voyage dans le Levant*, publié en 1819, par le comte de Forbin.

652 à 654. *Enfance de Napoléon.*—Deuxième état avec l'adresse
de C. Motte à droite.—Pont d'Arcole.—*Retour de Syrie.*
Premier état avant le titre. Ces trois planches sont
extraites de la *Vie politique et militaire de Napoléon*,
publiée par Arnault, en 1822.

655. Vignette pour un déjeuner hebdomadaire des gardes
nationaux. *H. Vernet*. 1820. Sur blanc et sur papier
teinté.

656 et 657. *Grenadier à pied, ex-garde* ;—*Cavalier*, 1790, extr.
de la *Collection des uniformes des armées françaises.*

658. *Partisan volontaire.* (C. de Lasteyrie.) Épreuve sur grand
papier d'une pièce destinée à l'ouvrage de Lemière de
Corvey, 1822, *Des partisans et des corps irréguliers….*

659.   En *fin fond de forêt, il est un chêne antique
Dont le tronc dépouillé porte un nom historique….*

Vignette, accompagnée de 4 vers, pour un livre de
M. Mac Mahon, intitulé *la Saint-Hubert*. Sur chine.

660.   *Lorsque de vils brigands une horde barbare*

. . . .

vignette, accompagnée de 4 vers, pour *Mes souvenirs
ou les premiers Français en Pologne*, par J.-B. Thiriet,
1822.

661. *Édith au col de cygne*, pour *les Esquisses et pochades* de
M. Jal.

662. Galerie du palais royal , *le duc d'Orléans à Vendôme*,
en collaboration avec Morin et Guénot. Sur chine et
sur blanc.

663. *Le Pinde, traversée de Janina à Tricala.*

664. Un Arabe fumant assis sous un arbre, et jeune femme
sur cheval ailé au galop.   Cette dernière pièce avec
Madame E. Boulanger. Deux vignettes à la plume pour
le livre d'or de Curmer.

665. *Le Troubadour français au tombeau de Poniatowsky.*—Premier état avant le titre; — troisième état avec le titre
et les stances.

666. Le champ d'Asile. (G. Engelmann.) Premier état sur
chine avant le titre.

667. Jeune paysanne à âne. *A Lyon, ce 1er janvier* 1820.

668 à 673. Le Saut de la chèvre; premier état sur chine; avant
le titre et la musique. — Le Paria de Bengalore; premier état, *dito*.—La Flûte enchantée ; premier état sur
blanc et sur chine, *dito*.—La Clémence de Titus; premier
état sur blanc et sur chine, *dito*.—Don Juan; premier
état *dito*.—Les petites musiciennes; premier état, *dito*.

674 et 675. Madame Perregaux, buste tourné vers la droite, *H. V.* (Lasteyrie.)—Madame Perregaux debout, les bras croisés, dans un jardin. *H. Vernet.*

676. Cyrus Gérard, enfant du maréchal Gérard.

677. Boyer, président d'Haïti. *H. Vernet.* (Engelmann.)

678 et 679. Carle Vernet, en buste. *H. Vernet.* (Motte.) — Premier état avant le nom de Carle Vernet. — Carle Vernet, debout dans la campagne, dessinant sur un calepin. *H. Vernet, 1818.* — Premier état avant l'adresse de Motte.

680. Le petit oiseleur. *H. Vernet, 1er mai 1818, Paris.* (Engelmann.) C'est le portrait de M. Henri Bache Thornill.

681. Louis-Pierre Louvel.

682. Mauro Cordato, chef du gouvernement de la Grèce, *H. V.* (Delpech.) *Se vend au profit des réfugiés grecs.*

683. Chauvelin, *H. Vernet, 1823.* (Delpech.)—Deuxième état avec le nom en lettres anglaises.

684. Dupin aîné, avocat. Sur chine. — Premier état avant la lettre, avant la forme ovale, et avant les lettres *H. V.*, écrites à rebours sur la manche.

685. Mohammed Ali Pacha, *H. Vernet,* 1818 (Delpech), *la tête dessinée d'après un croquis de M. le comte de Forbin.* — Deuxième état avec cette variante : *la tête copiée sur un dessin fait par M. le comte de Forbin.*

686. El general Quiroga, *H. Vernet,* 1820.

687. Mort du prince Joseph Poniatowsky, *H. Vernet,* 1817.

688. Sinné, *sauvage du désert du Sahara, Voyage en Afrique.*— Premier état avant toute lettre.

689. Perlet, *rôle de Regnaudin* dans *la Maison en loterie. H. V.*
(Engelmann.)

690. Talma, *rôle de Sylla. H. V.*

> Je les vois tous, les bras vers mon lit étendus,
> . . . .

—Deuxième état avec des travaux ajoutés sur le lit sur
lequel est étendu le dictateur.

691. Le général en retraite Schmitz mesurant des pierres de
taille. *H. Vernet.* — Premier état avant la réclame
adressée aux constructeurs.

692 et 693. Le général Foy. *H. Vernet.* (Delpech.)—Premier
état avec une légère différence dans l'extrémité du
nez. — Le général Foy, *H. V.*, autre portrait égale-
ment en buste, sans les bras indiqués.

694. Vignette pour placer au-dessous d'un portrait de *Pelle-
tier de Chambure*, par Singry.

695. M. de Verdière, à cheval, en colonel de hussards.

696. Portrait en buste et de face du général Sebastiani. *H. V.*
Sur chine.—Épreuve du premier état, avant quelques
retouches aux cheveux, à la bouche et au menton.

697. Le comte Muraire, premier président à la cour de cas-
sation. *H. Vernet.* (Engelmann.) Sur chine.

698. Madame la maréchale Macdonald, décolletée, en buste,
la tête tournée vers la gauche. *H. Vernet.* (Delpech.)

699 et 700. M. Bruzard, *H. Vernet*, 1828. Sur blanc et sur chine.
— Autre portrait de M. Bruzard (beaucoup moins res-
semblant que le précédent). Il porte la croix à la boutonnière. *H. Vernet*, 1828. (C. Motte.) Sur chine. —
Premier état avant le nom.

701. Pierre Guérin, *H. Vernet, Rome*, 1830. —Épreuve d'essai
avec des essais de crayon sur l'angle de la pièce.

702. Pie VIII, *H. Vernet, Rome*, 1830. (Delpech.) —Premier
état avant la lettre et avec quelques essais de crayon
sur l'angle de la pièce.

703. Le prince Édouard Gagarine, *H. Vernet, Rome*, 1832. Debout en costume de page, la main appuyée sur une
table. Sur blanc et sur chine.

704. Brod, premier hautbois de l'Académie royale de musique. *H. Vernet, L. Viardot.* (Lemercier.)

VERNET (Carle-Antoine-Charles-Horace),

Né à Bordeaux en 1756.

705. Son portrait par J. Boilly.

706. Études de chevaux, combats, fables de La Fontaine,
caricatures, etc.—*Divers croquis de chevaux par Carle
Vernet.* 24 petites pièces.—Autres croquis. 14 pièces.
112 pièces, imprimées pour la plupart chez Lasteyrie.

VERNET (Madame Carle), née Fanny Moreau.

707. Portraits en profil de J.-M. Moreau, de Joseph Vernet,
et de Carle Vernet, réunis sur la même feuille.

708. Scène galante dans un cabaret.

VERNET (Jules),

Élève de David et d'Augustin, né à Paris le 30 juillet 1790.

709. Casot, acteur des Variétés. —Vernet, rôle de Colas. (G.
Engelmann.) [2 pièces.]

VÈZE (Jean-Charles-Chrysostôme Pecharnan de),

Élève de Bertin, né à Toulouse le 27 janvier 1788.

710. Paysages. — Fragment de l'abbaye de Jumiéges, etc.
[4 pièces.]

VIGNERON (Pierre-Roch),

Élève de Gros et de Gautherot, né à Vosnon le 26 juin 1789.

711. Louis XVIII. — Portraits de Dupont, de Casimir Pé-
rier, etc., improvisés au banquet du 5 mai 1818. —
Ph. Distel, chirurgien.—Le docteur Tissier.—Portrait
d'un Grec. — Marc, médecin. — Mirza.—Le duc d'Albuféra.

712. Portraits de personnages divers, parmi lesquels Bérat,
M. Fable, Kalbrener. 10 p. avant la lettre.

713. Portraits de Perlet, Klein, Huet, Albert, Victor, Garat,
Pellegrini, mesdames Pasta, Leverd, Branchu, mademoiselle Victorine, madame Anatole, artistes de divers
théâtres.

714. Portraits divers de dames et d'enfants. 8 pièces avant
la lettre.—Scènes, titre de romance, etc.

VILLENEUVE (Jules-Louis-Frédéric),

Élève de Watelet et de Rémond, né à Paris le 9 sept. 1796.

715. Vue de Provins, Intérieurs, Voyages en Suisse, etc.
[40 pièces.]

VILLERET (François-Étienne),

Élève de Gui, né à Paris le 31 août 1799.

716. Décors du théâtre de la Gaîté et intérieurs. [4 pièces.]

VOLMAR (Joseph-Simon),

Elève de son père et de Géricault, né à Berne le 27 déc. 1798.

717. Études de chiens. Sur chine. [8 pièces.]

WAGNER (Pierre),

Élève de Frommel, né à Manheim le 23 février 1802.

718. Portrait de Wagner, de trois quarts, et autre de profil.

719. Vues de Vienne, Paysages, Intérieurs. Lith. à la plume, fac-simile de burin. 10 pièces.

WATELET (Louis-Étienne),

Élève de Malbeste, né à Paris le 25 août 1780.

720. Paysages divers. 6 pièces.

WATTIER (Émile),

Elève de Gros, né à Paris le 17 nov. 1800.

721. Perrier, rôle de Dupont. — Scènes, Caricatures politiques, Paysages, etc., extraits pour la plupart des journaux *l'Album* et *le Miroir*. 43 pièces.

WEBER (Antoine-Jean),

Élève de Gros et de Vaflard, né à Paris le 11 mai 1797.

722. Napoléon. — Le maréchal Suchet. — Portraits divers· 11 pièces et 2 paysages dont l'un daté de 1809.

WÉRY (de Lyon).

723. Église de Saint-Romain, et Vues des environs de Lyon. 4 pièces.

WÉRTALL (W.).

724. Warwick-Castle. (Hullmandell.) Épreuve sur chine.

ZWINGER (Jean-Baptiste-Ignace),
Élève de Leguay, né à Paris le 28 juillet 1787.

725. Le Regret inutile, etc. (C. Constant, de Sèvres.) 8 pièces.

726. Un lot de pièces curieuses des origines de la lithographie en France et en Allemagne. — Brochure publiée par Lasteyrie en 1816, — sur l'aqua-tinta, par Senefelder, etc.

727. Environ 65 portraits, dont 8 portraits de femme, de divers personnages par divers maîtres.

728. Environ 11 pièces historiques.

729. Environ 44 paysages et intérieurs.

730. Environ 44 scènes diverses.

731. 17 pièces diverses contenues dans un portefeuille.

LIVRES A FIGURES

**732. Souvenirs pittoresques du général Bacler d'Albe. —
Paris et ses environs. — Promenades en Espagne.**
1822. 3 volumes petit in-folio. Demi-reliure, v. vert.

**733. Voyages pittoresques et romantiques dans l'an-
cienne France,** par M. Ch. Nodier, Taylor, etc.—*Normandie.* 2 volumes. Demi-reliure, v. rouge.

734. Voyages pittoresques en Franche-Comté. 28 livraisons brochées. Il manque quelques planches et des
culs-de-lampe.

735. Contemporains étrangers, par Mauzaisse et Grevedon.
1826. 8 livraisons brochées avec les portraits.

736. Vie politique et militaire de Napoléon, par Arnault.
1822. 6 livraisons incomplètes.

737. Lettres sur la Suisse, par Sazerac et Engelmann. 1823
et 1832. 5 volumes. Demi-reliure, v. vert.

738. Galerie lithographiée de S. A. R. le duc d'Orléans, par
Vatois et Guénot. 4 volumes in-folio. Demi-reliure,
v. vert.

739. Iconographie des contemporains depuis 1789 jusqu'à
1820. (Chez Delpech.) 5 vol. Demi-reliure, v. vert

740. Antiquités de l'Alsace, par Colbery. *Paris* (Engelmann), 1828. 2 vol. Demi-reliure, v. vert.

741. **Un an à Rome et dans ses environs**, dessiné et publié par Thomas. *Paris, Firmin Didot,* 1823. Un volume. Demi-reliure, v. vert.

742. **Faust,** tragédie de M. de Gœthe, orné de 17 dessins par M. Eugène Delacroix. *Paris, Motte et Sautelet,* 1828. Un volume. Demi-reliure, v. vert.

743. **Vie de saint Bruno,** en 22 tableaux, suite lithographiée et publiée par M. Prosper Laurent. *Paris, Smith,* 1822.

744. **Voyage à Athènes et à Constantinople**, par Louis Dupré. 7 livraisons brochées avec les costumes coloriés.

745. **Album de Besançon ;** monuments anciens et modernes. 7 livraisons brochées.

746. **Les Amours des dieux,** recueil de compositions dessinées par Girodet, lithographiées par Aubry, Lecomte et autres. 4 livraisons brochées.

747. **Voyage en Italie,** par Isabey , en 1822. 30 dessins lithographiés par lui. 3 livraisons.

748. **The Works of Antonio Canova,** by Henry Mores. Complets. — Specimens of ancient decorations. — Views of the Rhine in Belgium.

749. Un grand nombre d'**Ouvrages à figures,** voyages, etc., non catalogués.

750. **Six cartons** renfermant du papier blanc, du papier bleu et du papier teinté. — Un grand nombre de **Cartons vides.**

751. Les **Objets omis** au Catalogue.